JN192922

ヤマレコのとっておきの登山ルート30選

ヤマレコ 監修

CONTENTS

※1 本書掲載のデータは2018年5月末日現在のものです。公共交通機関や山小屋の、料金・営業時間・定休日・メニューなどの営業内容が変更になったり、休業で利用できない場合などがあります。また、バスなどは曜日や季節によって運行状況が変わることがあります。最新情報を事前にご確認ください。また、登山道の状態など登山地域の状況は、大雨や風雪などの影響で大きく変動することがありますので、自己責任で慎重に判断して行動してください。登山前には現地の役場などに必ず状況を確認するようにしましょう。なお、事故や遭難など、一切の責任を負いかねますのでご了承ください。
※2 アクセスの料金や乗車時間は、乗車する便や利用する時間によって変わることがあります。特に特急などを使用するかしないかで料金や時間が大幅に変わる可能性があるので、事前によく調べ、必要な料金や時間を考慮して登山計画を立てて下さい。
※3 本書の地図は、背景に国土地理院の地理院タイルを使用しています。

安達太良山（P94）
那須岳（P22）
苗場山（P64）
会津駒ヶ岳（P98）
谷川岳（P52）
白馬岳（P82）
唐松岳（P90）
四阿山・根子岳（P46）
燕岳（P86）
西穂高独標（P132）
筑波山（P18）
東天狗岳（P106）
蓼科山（P68）
甲武信ヶ岳（P102）
赤岳（P124）
入笠山（P38）
雲取山（P78）
木曽駒ヶ岳（P116）
大菩薩嶺（P34）
高尾山（P10）
甲斐駒ヶ岳・仙丈ヶ岳（P110）
鍋割山（P30）
鳳凰三山（P128）
鎌倉アルプス（P26）
北岳（P120）
金時山（P14）
沼津アルプス（P56）
富士山（P74）
三ツ峠山（P42）
乾徳山（P60）

本書の見方

本書では1つの山を4ページに渡って紹介しています。
ここでは掲載内容や地図上のアイコンの意味などを解説します。

1 体力レベル ★★★★★ 技術レベル ★★★★★

大菩薩嶺

短時間で2000mの高みに立てる好アプローチの名山

3 山梨県 1日目 4時間15分

2
春 樹林帯で見られる美しい新緑
夏 稜線を渡る涼しい風が気持ちいい
秋 紅葉と笹原のコントラスト
冬 雪山入門の登山ができる

4 アクセス
片道2,940円
片道2時間40分
往路 新宿駅 JR中央本線 甲斐大和駅 栄和交通バス 上日川峠バス停
復路 新宿駅 JR中央本線 甲斐大和駅 栄和交通バス 上日川峠バス停

5 マイカー
P 上日川駐車場（第1、第2）
標高 1,584m
台数 約60台
トイレ 有
料金 --

34

PART1 大菩薩嶺

気持ちのよい笹原が広がる稜線から素晴らしいパノラマを堪能

6 7月 1

山梨県にある大菩薩嶺は、秩父多摩甲斐国立公園の中でも代表格といえる秀峰。標高2057mの山だが、4月中旬から12月上旬までは約1600mの上日川峠まで、マイカーやバスでアプローチができる。よく整備された登山道を歩けば、比較的短時間で2000mに届く稜線の雰囲気を味わうことができる。さらに、万が一のときにも有人の山小屋やエスケープルートもあるので安心だ。「低山歩きから、もう少し高い山にステップアップしてみたい」と考えるハイカーにとって、うってつけの「高山入門の山」といえるだろう。

雷岩から大菩薩峠へ続く稜線上の道は笹原となり、富士山はもとより南アルプスや奥秩父の峰々、乗鞍岳なども見渡せる。特に、秋から冬にかけては澄んだ青空の元に広がる関東平野の眺めは絶景。その景色は忘れられない山旅の思い出となるはずだ。

しかし、大菩薩嶺の山頂付近はミズナラやコメツガ、トウヒなどの針葉樹に囲まれ、残念ながら展望はない。三角点と標識があるだけだが、このコースの最高点に来た証として、写真に収めておこう。

晩秋や初冬には平地よりも早く雪が舞うこともあり、夏でも悪天候時には気温がぐっと下がるので、防寒対策は忘れずにしよう。また、春は5月近くまで雪が残ることもあるので、しっかりした登山靴と軽アイゼンなどの装備も必要となる。

登山道は全体を通してよく整備され

1 雷岩から大菩薩峠までの道のりは、絶景続きの尾根道 2 賽ノ河原付近にはケルン（積んだ石の道標）がある 3 この目印のある稜線から、大菩薩湖と富士山を望むことができる

7 VOICE 5月11日：日当たり良くスッキリ空に伸びるカラマツが爽快で気持ちよい尾根道でした（唐松尾根） by uutan

4 アクセス

公共交通機関を使った場合の目安となる時間や金額を表示。出発点は東京都心部のアクセスしやすい場所からとしている。

3 所在地と所要時間

その山がある所在地を都道府県で紹介。また、山行にかかる所要目安時間を記している。

2 季節ごとの特徴

同じ山でも行く時季によって様子は変わる。季節ごとの特徴・注意点などを紹介している。

1 体力レベルと技術レベル

紹介している山を登るのに必要な、体力や技術のレベルを表す。★1～2が初心者、★3～5が中～上級者向け。

7 ユーザーの声

紹介している山を登ったときの、ヤマレコユーザーの感想を紹介。

6 撮影スポット

カメラアイコンの番号は4ページ目のルート図で撮影場所を表示している。

5 マイカー

マイカーで登山口に行く場合の、目的地となる駐車場の名前や停められる台数など。季節によっては閉鎖されている場合もある。

8 標高

その山の最高標高をメートルで表示している。ルート上の通過点でも一部紹介。

9 QRコード

紹介しているルートは、携帯電話のアプリケーション「ヤマレコMAP」でダウンロードが可能。

➡ダウンロードの仕方はP8。

10 スタート&ゴール

スタート地点をⓈ、ゴール地点をⒼとして紹介。

11 一言コメント

ルート上での注意点や、おすすめできるポイントを紹介。

12 コースNAVI

MAPを断面図で紹介。標高差や各ポイント間の所要時間も紹介しているので歩くときの目安に。

13 アドバイス

ルート上で特に気を付けたい点を記載。

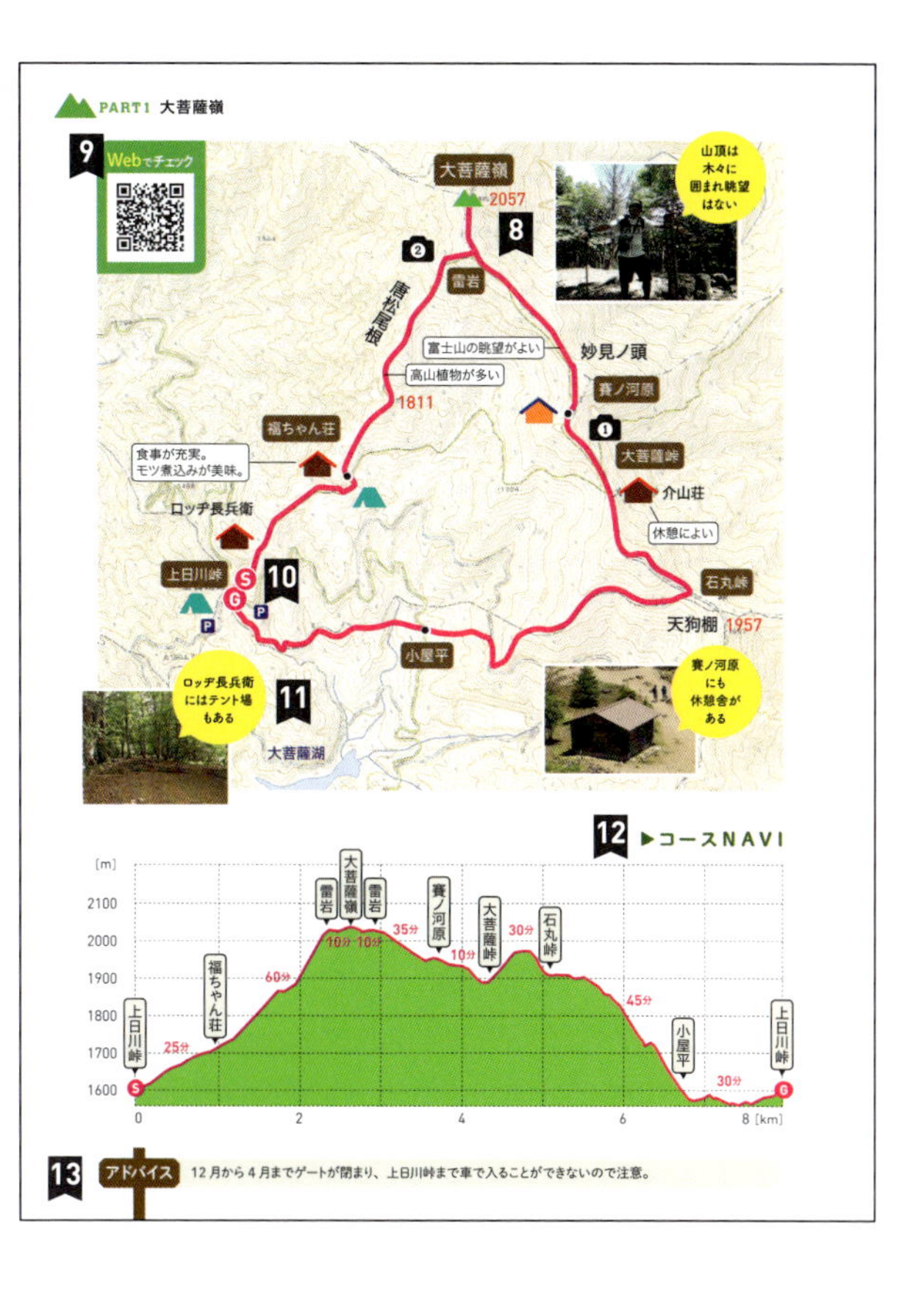

ルートマップのアイコン解説

有人の山小屋を紹介。営業時期などは事前に調べておくように。

無人の避難小屋や休憩所を紹介。時季によって閉鎖されていることも。

その山の最高点、いわゆる山頂の位置を示している。

テントを張れる場所を紹介。料金やテントが張れる数などは事前に調べておこう。

各山で紹介している写真で、カメラアイコンのある写真が撮られた場所。

トイレの場所を紹介。大抵の場所ではトイレチップが必要なので、小銭の用意を忘れずに。

ヤマレコが提供するサービスを使って、もっと登山を楽しもう！

ヤマレコを使った山の楽しみ方

パソコンでもスマートフォンのアプリでも楽しめる「ヤマレコ」。ここではその特徴的な機能や使い方を簡単に紹介します。

そもそも「ヤマレコ」とはどんなサービスなの？

ヤマレコとは、登山を楽しむすべての人に向けたコミュニティサイト。自身が行った登山の思い出をヤマレコの記録に残すことで、それが同じ山へ行きたいと思っている人にとって有益な情報となる。また、自分自身も他の人が残した記録を参考にして、適切なルート選びができるようになる。

さらに、登山に欠かせない計画書の作成も簡単に行うことができる。ヤマレコで作成した計画書は、そのまま友人や管轄の都道府県にも送付できるので、トラブルが起きたときの備えとしても安心できる。

その① ヤマレコMAPで安心安全！

電波の通じない場所でも地図上で現在地がわかる

ヤマレコMAPは、登山・アウトドア用GPSとして使えるスマートフォン用の地図アプリケーション。電波の届かない山の中でも、あらかじめダウンロードしたオフライン地図で現在地を確認することができる。

ヤマレコMAPを使えば登山がもっと楽しくなる！

ヤマレコキャラクター「レコ君」

「いまココ」というアプリと連動して、家で待つ家族と位置情報を共有できる。

その2 山行記録を投稿・閲覧しよう

山の思い出を簡単に残せる

パソコンやスマートフォンから写真つきの記録を簡単に作成することができる。また、登録した写真はスライドショーで楽しむことも可能。自分の山行記録を登録すると、同じ場所に行った人の記録が表示され、交流することができる。

お互いの記録を読んだり、コメントやメッセージなどを使って交流しよう!

山行記録に登録した写真やルート、感想などを組み合わせて自分だけの本を作るサービスも提供!

その3 登山計画を立てよう!

詳しくはP142へ

初心者でも簡単に登山計画書を作成できる

ヤマレコではオンライン上で山行計画の作成が可能だ。計画書はそのまま管轄の都道府県にも提出できる。また、「山と高原地図」でプランを作成できる「ヤマプラ」では、簡単操作で直感的に登山ルートを作成することができる。

地図をダウンロードしよう

ヤマプラで登山計画を立てたら、その計画を地図として携帯電話にダウンロードすることができます。

STEP 1 アプリをダウンロード

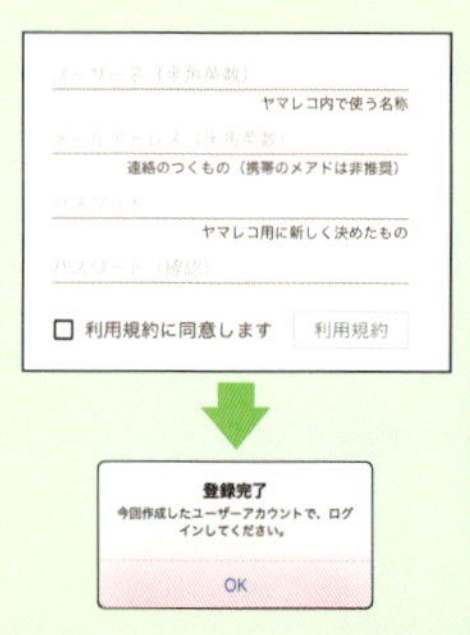

「ヤマレコ MAP」で検索

お使いの機種に応じて、アプリストア内にて「ヤマレコ MAP」を検索。無料でダウンロード可能だ。ただしユーザー登録は必要。ダウンロード後に、ログイン ID とパスワードを設定して会員登録をするだけ。

STEP 2 地図を検索

行きたい山の名前を検索バーに入力すると、その山を登る複数のルートが表示される。「次へ」を押して選択しよう。ルートを決めたら「この地図とルートをダウンロード」を押せば、登山ルートを取得することができる。

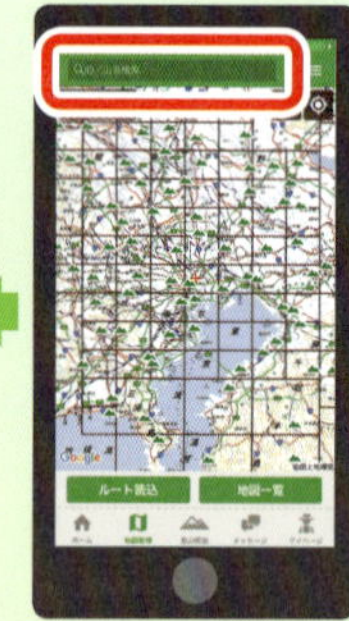

STEP 3 QRコードから本書のルートをダウンロードしよう

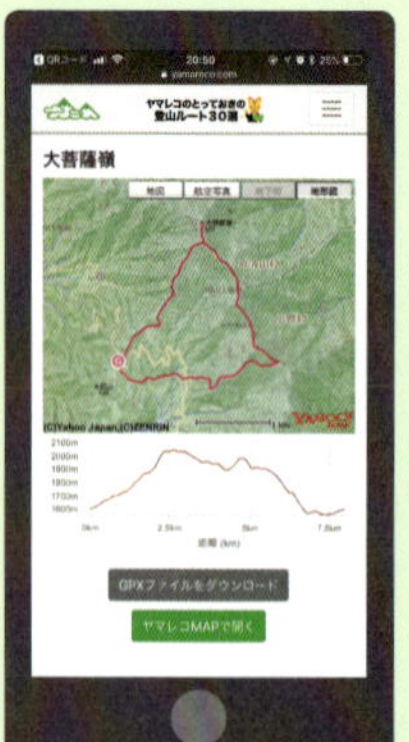

アプリでQRコードの取得

本書のルート MAP 左上にある QR コードからもルートのダウンロードが可能。気に入ったルートを取得してみよう。

プレミアムプラン（WEB 360 円／月、3400 円／年）（アプリ 4800 円／年）を利用すると、広告非表示、ダウンロード無制限など、もっと便利になります！　※ WEB からとアプリ課金の金額は異なりますがサービスの内容は同じです。

PART

日帰りで楽しむ ハイキングルート10 （初級編）

まずは初心者向けの入門コースを紹介します。
メジャーな山もありますが、登ったことがある場合でも
異なる季節に別ルートで登れば、また違う山の魅力に出会えるかもしれませんよ。

高尾山（たかおさん）

都内有数の豊かな自然が残る
アクセス抜群の人気低山

東京都
1日目
5時間15分

春　芽吹きの景色とサクラの花
夏　暑さの中を吹く涼しい風
秋　紅葉と山頂からのダイヤモンド富士
冬　とろろそばやなめこ汁で温まる

アクセス

¥ 390円
時 約50分

往路
新宿駅
京王線
高尾山口駅

復路
高尾駅
JR線
新宿駅

マイカー

P 八王子市営山麓駐車場

標高　約190m
台数　約90台
トイレ　無
料金　150円／30分～

5月 ①

高尾山は標高５９９ｍという「低山」。だが、２００７年にフランスのガイドブック『ミシュラン・ボワイヤジェ・プラティック・ジャポン』に３つ星のポイントとして掲載されて以来、日本国内はもとより海外から訪れる人も急増、年間約２００万人は訪れるという一大観光地となっている。

高尾山の最大の魅力は、その自然の豊かさ。ブナなどに覆われた森林には１０００種以上の植物が自生し、タカオスミレなどの固有種も多い。また、５０００種を越える昆虫、１５０

ミシュランにも選ばれた山頂から温かいなめこ汁が待つ城山を目指す

1 しょう油味のなめこ汁は1杯 250円。遅い時間では売り切れていることも 2 ケーブルカーを利用すれば片道6分ほどで標高 472mまで運んでくれる 3 山頂標識は記念撮影のために多くの人で賑わう

種以上観測された野鳥、木々の間を飛び回るムササビなど、東京とは思えないほどだ。そんな環境が残されている理由のひとつが、山腹にある寺、薬王院だろう。真言宗智山派の関東三大本山で、開基744年という由緒ある名寺。そこを守る霊山として山が維持され、修行の場として今に至るまで、開発されず守られている。

駅近くから山門に至るまでの、参道となる道筋には休憩所が数多く立ち並び、だんごや名物のとろろそばなどを提供している。また、山の中腹には、夏の間、ビアガーデンがオープンする。眼下に広がる夜景を見ながら、涼しい風を浴びながらビールを飲むことができる。そんな食の楽しみも、多くの人を集める理由のひとつだろう。

高尾山の山頂へ向かう道は、薬王院を通過する舗装された1号路、沢沿いの6号路、尾根上の道を行く稲荷山コースの3つ。また中腹まで通じるケーブルカーもあるので、体力や時間

VOICE 3月24日：高尾山は季節ごとに花やルートをいろいろ楽しめます by agnesmomonga

1 自然豊かな6号路は新緑がきれいで涼しい人気のルート 2 城山茶屋では夏はかき氷が楽しめる 3 高尾山は天狗信仰の霊山としても知られている 4 高尾山から城山へ向かう登山道はよく整備されていて歩きやすい

に応じて選ぶことが可能だ。今回紹介するのは沢沿いの気持ちのいい登山道を歩く6号路のコース。多くの登山者が歩いている人気のコースだ。岩屋大師、琵琶滝を経て自然あふれる登山道を登っていく。緩やかで広々とした山頂にはサクラが植えられていて春には花見を楽しむことができる。また、晴れた日には近くの丹沢山塊や遠くに南アルプス、そして富士山（P74）を一望。12月下旬には富士山頂に夕日が沈む「ダイヤモンド富士」も見ることができる。

山頂から尾根道を進む。樹林に囲まれた緩やかな道はよく整備されていて、要所要所には階段も設置されている。一丁平を経由すると城山の山頂に着く。ここにある2軒の茶屋にはなめこ汁などがあり、疲れた体を休めるには最適だ。ここから東へ進み、日陰沢に沿って道を下っていく。やがてバスが通る道に出て、集落の中の舗装路を高尾駅まで歩いていく。

VOICE 11月3日：高尾山山頂は思っていた通り大盛況でした by 2arakawa

▶コースNAVI

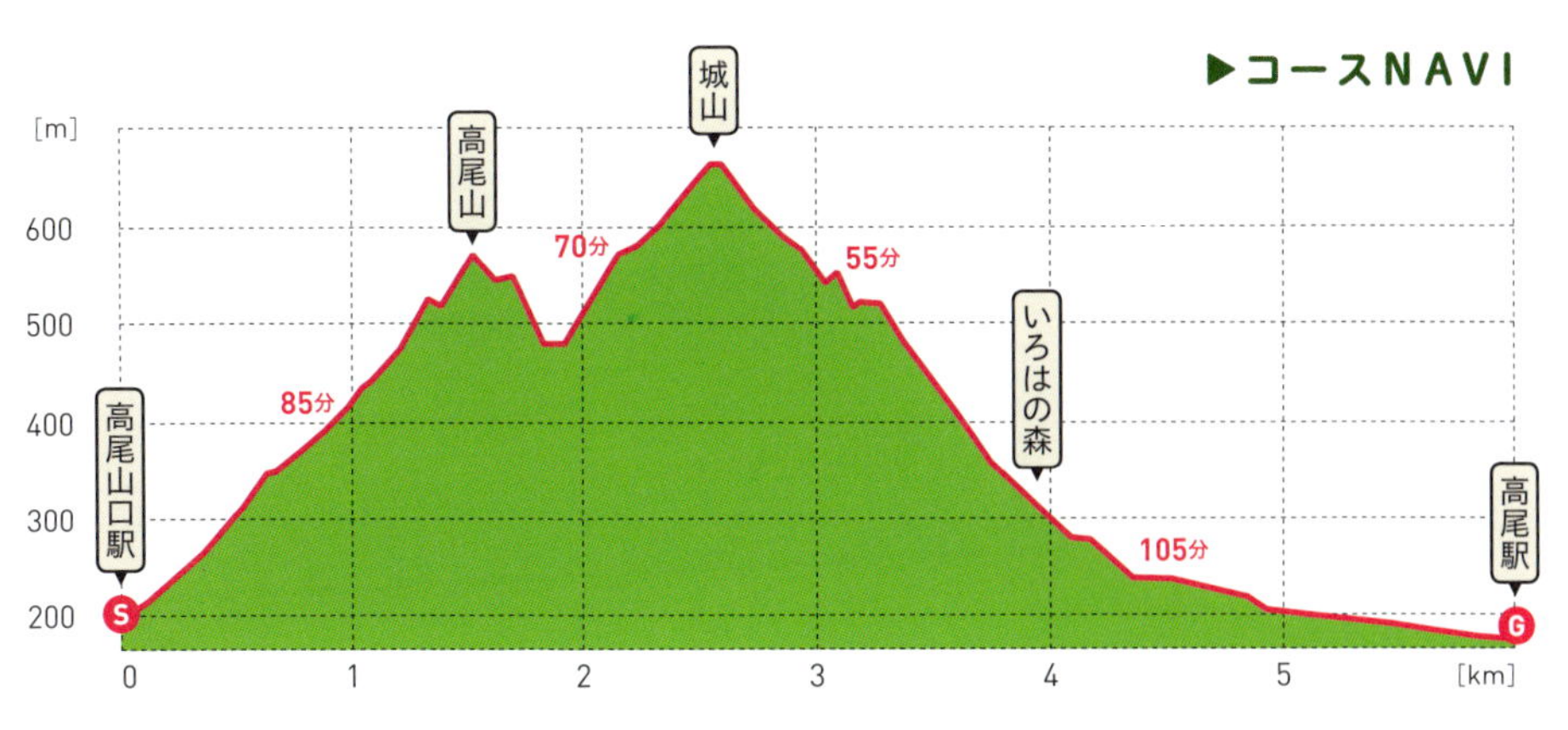

アドバイス　ハイシーズンの週末などは登山道も混み合い、コースタイムより時間がかかる場合も。

金時山

山頂から抜群の展望を誇る
金太郎伝説が息づく歴史の山

神奈川県／静岡県
1日目 3時間5分

- 春 目の前にそびえる富士を望む
- 夏 点在する茶屋でゆっくり涼む
- 秋 紅葉とホトトギスなどの秋の花
- 冬 青空と雪を頂く富士の眺め

アクセス

¥ 2,010円
時 約2時間20分

往路
新宿駅
小田急線
小田原駅
箱根登山鉄道
箱根湯本駅
箱根登山バス
乙女口バス停

復路
金時登山口バス停
箱根登山バス
箱根湯本駅
箱根登山鉄道
小田原駅
小田急線
新宿駅

マイカー

P 金時神社駐車場
標高 688m
台数 約30台
トイレ 有
料金 --

金時山は「天下の険」とうたわれた箱根の山々の一角をなす、標高1212mの山。約40万年前に火山活動が始まり、約18万年前に陥没が起きてカルデラと外輪山が誕生。その後の噴火で芦ノ湖が誕生し、現在の箱根の姿が出来上がった。金時山は外輪山の連なりにあるが、厳密には、別の火山活動によって生まれた山だ。

ここの山頂からの眺めは必見。間近にそびえる富士山（P74）の、迫力ある姿は一見の価値がある。そこから連なる外輪山や愛鷹山、大涌谷の噴煙、足下の芦ノ湖や仙石原、遠くには駿河湾も望むことができ、その美しさについつい時間を忘れてしまうはずだ。

金時山の頂上は神奈川県と静岡県の県境となっており、神奈川県側には金太郎茶屋、静岡県側には金時茶屋が建ち、多くの登山者を迎え入れている。なかでも10代のころから父を手伝い、65年以上茶屋を守っている「金時娘」が切り盛りする金時茶屋にはファンが多く、何百回と繰り返し登頂する登山者もいるほどだ。

麓には、坂田公時を祀る公時神社がある。幼少の頃は「金太郎」と呼ばれ、足柄山で熊と相撲をとっていたという伝説のある公時をしのび、毎年5月のこどもの日には公時祭りが開催され、獅子舞が奉納される。そんな歴史ある山、**金時山へ登る道はいくつもあり、体力や時間によってコースを変更することも可能だ。**

スタート地点となる乙女口から、しばらくはなだらかな登山道が続くが、

目の前にそびえる富士を望む 箱根外輪山の最高峰へ

by ankamo

1 頂上の静岡県側には、「金時娘」が守り続けてきた金時茶屋があり多くの人でにぎわう 2 春には美しいサクラを見ることができる 3 尾根上に続く道。よく整備されて明るく楽しい

VOICE 6月26日：有名な金時娘さんに会うことができ、美味しいきのこ汁もいただきました by pcnhw622

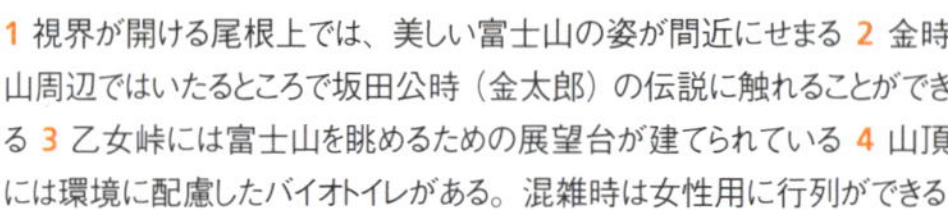

1 視界が開ける尾根上では、美しい富士山の姿が間近にせまる 2 金時山周辺ではいたるところで坂田公時（金太郎）の伝説に触れることができる 3 乙女峠には富士山を眺めるための展望台が建てられている 4 山頂には環境に配慮したバイオトイレがある。混雑時は女性用に行列ができる

やがて道は斜面をたどるようになる。杉の根が階段のように地をはう道を登っていくと、乙女峠に到着する。ここには展望台があり、富士山と御殿場の街を望むことができる。ここから道は北東に折れ、尾根上を進んでいく。急な斜面とそこに付けられた階段で汗をかくと、長尾山に到着する。**一度高度を下げ、再び急斜面を登り返せばやがて緩やかな笹原の道となる。**これを登り切ると、大展望が待つ金時山に到着する。

　急登で疲れた体を休めながら、富士山が目の前に迫る山頂での景色を楽しんだら、尾根上に付けられた道を下ろう。途中、公時神社への道を左に分け、さらに下っていくと矢倉沢峠に到着。ここには数十年ぶりに営業が再開されたうぐいす茶屋があり、休憩ポイントとしてはうってつけの場所だ。そこから明神ヶ岳へと通じる稜線から離れ、南へ向かう。樹林の中を下っていけば、バス停のある金時登山口に到着する。

VOICE 11月5日：ほどほどのアップダウンに岩、そして絶景！ by Nolita

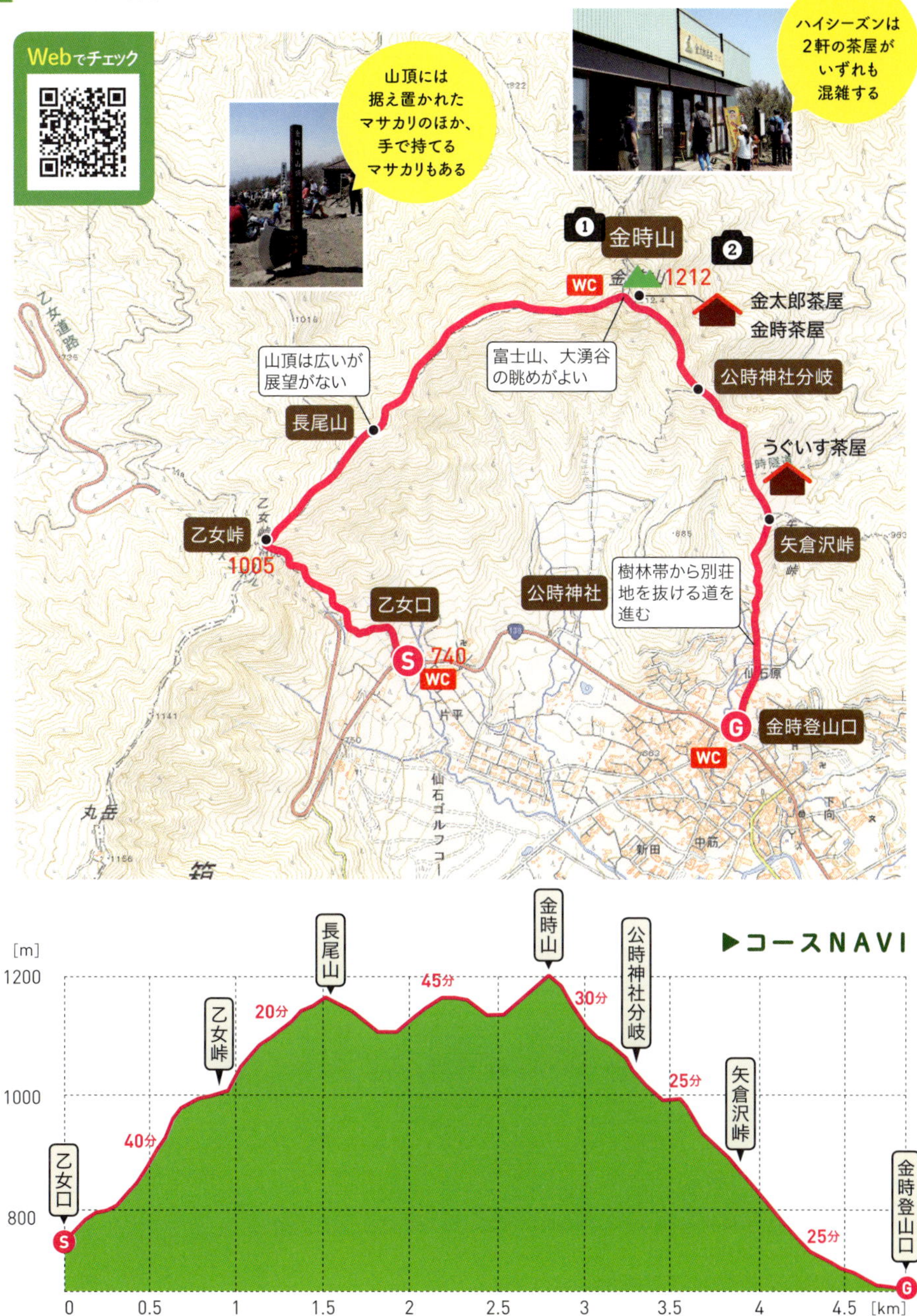

アドバイス 金時神社駐車場から乙女口までは車道を約25分ほど歩く。満車の場合は有料のゴルフ練習場駐車場も。

体力レベル ★★☆☆☆
技術レベル ★★☆☆☆

筑波山（つくばさん）

日帰りハイクに最適な
伝説に彩られた関東の秀峰

茨城県
1日目 4時間45分

春 ウメ、カタクリ、ツツジなどの花々
夏 梅雨のアジサイと盛夏の涼しい風
秋 山を彩るモミジの紅葉
冬 澄んだ夜空に映える夜景

アクセス

¥ 1,910円
時 1時間25分

往路
- 秋葉原駅
- つくばエクスプレス
- つくば駅
- 関東鉄道バス
- 筑波山神社入口バス停

復路
- 筑波山神社入口バス停
- 関東鉄道バス
- つくば駅
- つくばエクスプレス
- 秋葉原駅

マイカー

P 筑波山市営第三駐車場

標高 約245m
台数 約140台
トイレ 有
料金 500円

1 弁慶茶屋跡付近にはかつて信仰の対象であった巨岩をあちらこちらで見ることができる 2 冬には雪が積もることもある 3 男体山の頂上へと通じる道には、やや急な階段があるので注意して歩こう

関東平野を一望できる2つのピークを持つ伝説の山

筑波山は茨城県つくば市にある山。関東平野の中にすっと立ち上がるその山容から独立峰と見られることが多いが、福島県から茨城県に横たわる八溝山地の一部で、御嶽山や燕山、加波山などがある筑波山塊のひとつに数えられている。

最高地点となる877mの女体山、その横にある871mの男体山と2つのピークを持ち、北および南側から見ると、耳のように山頂が並ぶ姿を見ることができる。山の中腹には巨岩、奇岩が数多く存在し、山頂には筑波山神社本殿、中腹には筑波山神社拝殿が鎮座する。古くから霊山として崇められ、8世紀に出された日本最古の歌集『万葉集』の中にも詠われている。また「夜には男体と女体の神が御幸ヶ原で出会う」という伝説があり、かつては夜の入山を控えたという。標高1000mに満たない低い山だが、山そのものの素晴らしさとともに、それら歴史的背景も含め、深田久弥が記した『日本百名山』にも選ばれている、関東を代表する秀峰のひとつだ。

この山の頂上に至るコースは数多く築かれていて、女体山には筑波山ロープウェイ、女体山と男体山の間にある御幸ヶ原には筑波山ケーブルカーがかけられており、短時間で頂上近くに立つことも可能だ。ここで紹介するのは筑波山神社から標高差約600mほど登り、山頂を経由してケーブルカー沿いの道を下山する、絶好の日帰りルートだ。

山の南側にある筑波山神社からス

VOICE 3月2日：山頂からは雪の日光連山を見ることができてラッキーでした by miyapon03

1 山頂付近では、眼下に広がる関東平野を見渡すことができる 2 麓の筑波山神社近くにある丸太の階段 3 御幸ヶ原にならぶ売店のひとつ、せきれい茶屋は休憩に最適だ

タート。木々の根が張り出したやや滑りやすい道を登っていくと、白蛇弁天に到着。ここで白い蛇を見ることができると金持ちになれるという言い伝えがある。さらに登っていくと、弁慶茶屋跡を通過する。ここから先は「弁慶七戻り」「母の胎内くぐり」「出船入船」「北斗岩」と、奇岩が次々と現れる。**途中には、クサリが掛けられている場所もあるので、足元に気をつけながら巨岩、奇岩の姿を楽しみたい。**大仏岩を通過すれば、神社本殿が祭られた女体山に到着する。

関東平野を一望できる素晴らしい景色を堪能したら、御幸ヶ原へと下る。茶屋が建ち並ぶ道を進み、男体山へと再び登る。こちらの頂上にも神社が立ち、ここが古くからの信仰の山であることを伺わせてくれる。下山はケーブルカーに沿った道を登山口まで歩いて下る。時間や体調次第では御幸ヶ原にある筑波山山頂駅からケーブルカーで下山してもいいだろう。

VOICE 12月15日：立派な筑波山神社や数々の奇岩、大木など、みどころがたくさんありました by dokoiko

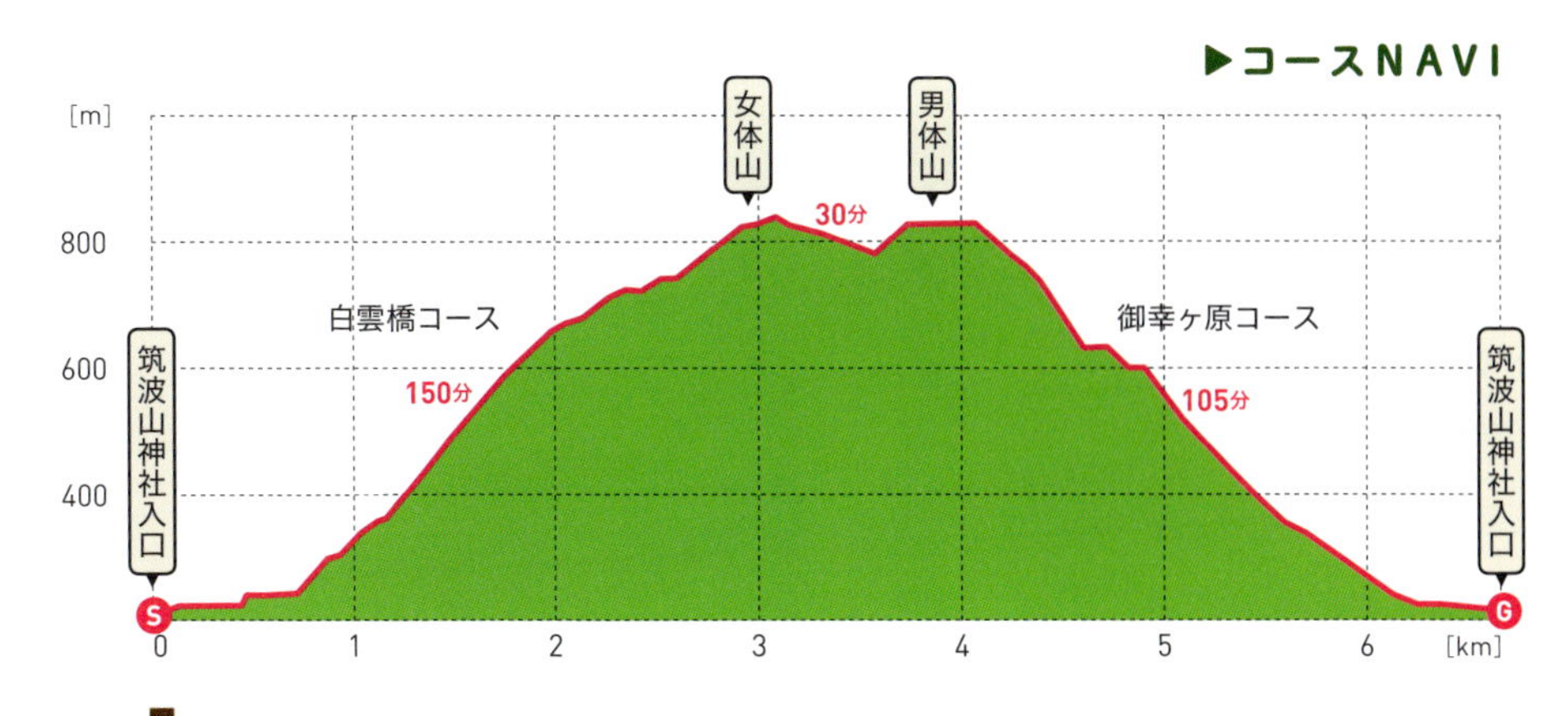

アドバイス 御幸ヶ原には茶屋があり食事や休憩に便利。ケーブルカーの筑波山頂駅にもレストランがある。

那須岳（なすだけ）

ロープウェイでアプローチも可能
荒々しい山容を堪能できる活火山

栃木県
1日目 2時間50分

- 春 残雪の登山を楽しむ
- 夏 遮る木々のない山頂からの眺め
- 秋 紅葉を楽しみ下山後に温泉で温まる
- 冬 11月に入ると吹雪くことも

アクセス

¥ 4,370円
時 3時間30分

往路
上野駅
JR宇都宮線
黒磯駅
東野交通バス
那須ロープウェイバス停

復路
那須ロープウェイバス停
東野交通バス
黒磯駅
JR宇都宮線
上野駅

マイカー

P 峠の茶屋駐車場

標高 約1,460m
台数 約160台
トイレ 有
料金 --

那須岳は、栃木県那須町の那須連山の総称。厳密には「那須岳」というピークは地図上にはなく、最高峰の茶臼岳（ちゃうすだけ）を指すことが多い。

標高1915mの那須岳は、過去1万年間に3回の噴火で形成された火山。その活動でできた山容は実に荒々しく、頂上付近はドーム型の岩稜がそそり立っている。その西側には、今なお盛んに地面から噴煙を上げる「無間地獄」と名付けられた場所があり、噴煙の影響で草木が育たぬ荒涼とした景色が広がっている。このように、那須

噴煙を上げる火山を踏んで下山後は温泉で疲れを癒す

1 急登の先には荒々しい山頂の姿が見える 2 今回のコースでは使用しないが、ロープウェイに乗ると歩きでは見ることができない絶景を楽しむことができる 3 峠の茶屋近くにある駐車スペースとは別に、ロープウェイ山麓駅の近くにも駐車できる場所がいくつかある

岳は他の山ではなかなか見ることのできない眺めを楽しむことができる。そして、もうひとつの魅力が温泉だ。那須連山の麓や中腹にはいくつもの温泉がわき出ていて、その多さから「那須八湯」とも称されている。日帰り入浴ができるところも多いので、山登りで疲れた体を心地よく癒すことができるだろう。

那須岳山頂に通じるルートはいくつかあり、登る人の体力や時間で選ぶことができる。ここで紹介するのは、ロープウェイを使用せず麓から歩くプラン。とはいえ、一時間40分ほどで標高2000mにほど近い頂上に立つことができ、一面に広がるパノラマを楽しむことができる。まさに、山歩き初心者にはうってつけのルートだ。

山麓駅を離れ、峠ノ茶屋から登山を開始する。しばらく林道を歩き、登山指導所から斜面を登り始める。一時間ほど登っていくと、やがて峰ノ茶屋跡避難小屋が立つ鞍部に到着する。ここ

VOICE 6月2日：風が強いけど手軽に眺望を楽しめる by kounotory

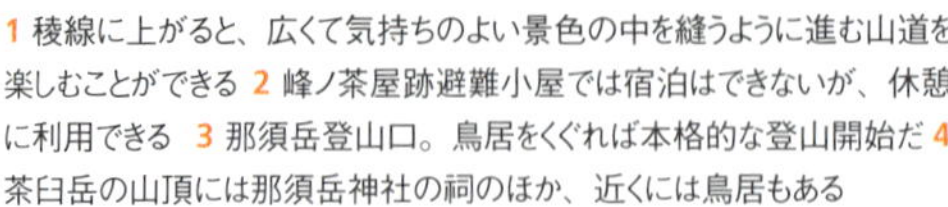
1 稜線に上がると、広くて気持ちのよい景色の中を縫うように進む山道を楽しむことができる 2 峰ノ茶屋跡避難小屋では宿泊はできないが、休憩に利用できる 3 那須岳登山口。鳥居をくぐれば本格的な登山開始だ 4 茶臼岳の山頂には那須岳神社の祠のほか、近くには鳥居もある

は風が通り抜ける地形となっていて、強風が吹くこともあるので注意しながら歩こう。ここからは目の前に迫る山頂を目指して登っていく。草木の少ない荒涼とした景色だが、そのかわりに何も遮るものがなく視界が開けているので、景色を楽しみながら歩きたい。岩の転がるザレた道を進むと、ドーム状の縁を通過。ほどなく那須岳（茶臼岳）の山頂に到着する。大きな岩の上に祭られた祠に手を合わせたら、日光方面や尾瀬の山々、そして東北の飯豊山も望むことができる大パノラマを堪能しよう。

　山頂から火口の縁を一周して下山となるが、ロープウェイで下山することも可能だ。体力と時間に余裕があれば、頂上からロープウェイ山頂駅へ下って、牛ヶ首を経由して峰ノ茶屋跡避難小屋に戻るルートもある。途中にある無間地獄付近では、噴煙の向こうにかすむ荒々しい山頂の岩壁を見ることができるだろう。

VOICE 7月15日：活火山なので、ジュワジュワ音を立ててます by Guchi-san

▶コースNAVI

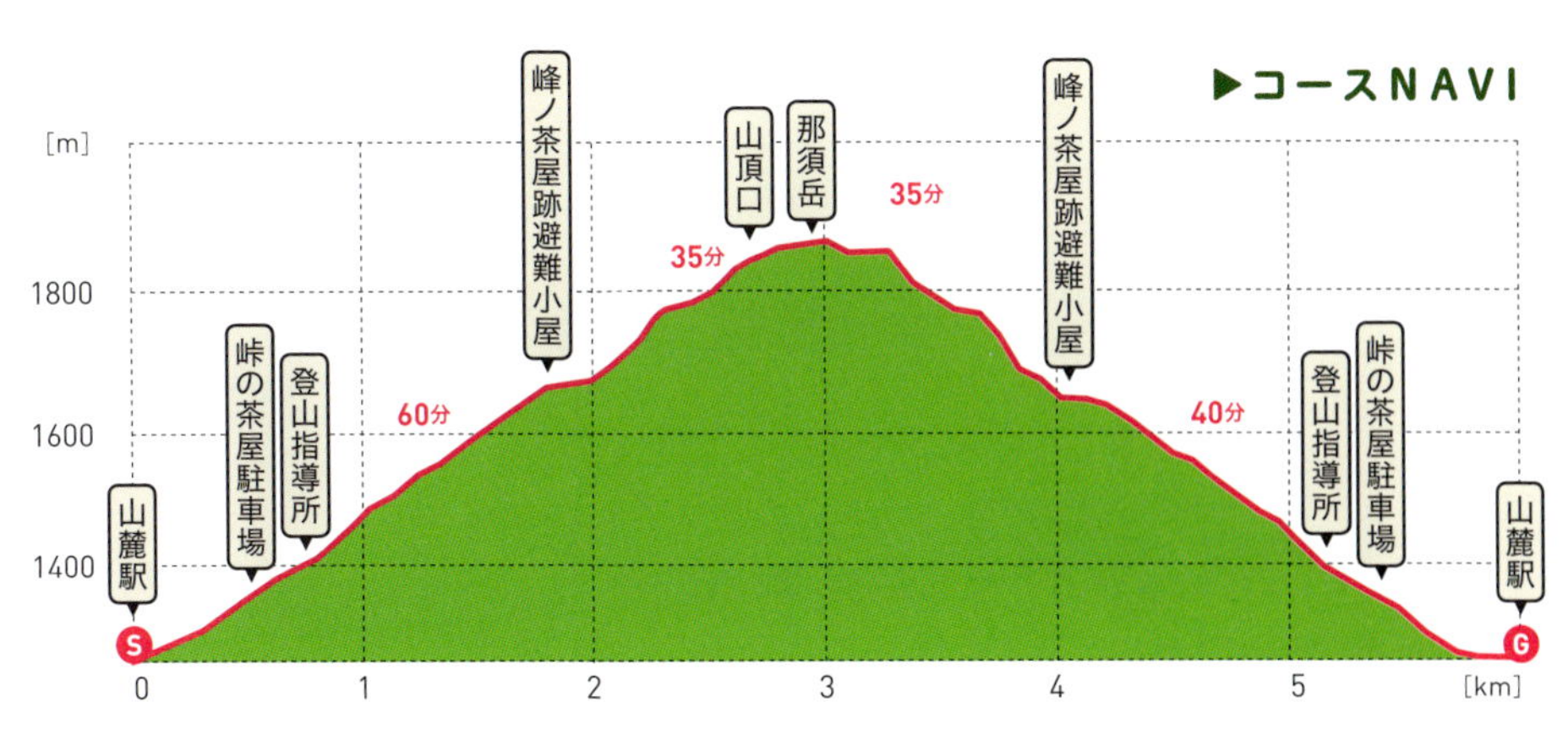

アドバイス　秋の紅葉は美しいが、11 月初旬には吹雪くこともあるので、天気予報を調べて入山したい。

鎌倉アルプス

体力レベル ★★★★★
技術レベル ★★★★★

名勝鎌倉をぐるりと取り囲む山々をたどるハイキングコース

神奈川県

1日目 7時間45分

春 境内のウメやサクラを楽しむ
夏 標高が低いので暑さには注意
秋 ほのかに色づく紅葉を愛でる
冬 落ち葉を踏みつつ日だまりハイク

4月 ①

アクセス

¥ 720円
時 約45分

往路
品川駅
JR横須賀線
北鎌倉駅

復路
鎌倉駅
JR横須賀線
品川駅

マイカー

スタートとなる北鎌倉駅付近にはコインパーキングが数カ所あるが、どこも台数は限られる。公共交通機関を利用してのアプローチがおすすめ。

風光明媚な観光地として全国的に知られている街、鎌倉には、東、北、西をぐるっと取り囲む山が存在し、数多くの散策道、登山道がある。ここで紹介するのは、北鎌倉駅から天園ハイキングコースを歩き、鎌倉アルプスの最高峰となる大平山（おおひらやま）から鶴岡八幡宮、そして鎌倉駅へと下るルートだ。行程のほとんどが樹林の中となるが、視界が開ける場所もあり、鎌倉の街やその先に広がる、きらきらと輝く相模湾を眺めることができる。また、バスを使うことがないアプローチ

由緒ある寺と展望の山を通過して一大観光地へと下山する好ルート

1 北鎌倉、浄智寺の雲華殿。コースから外れた場所にあるが、見所の多い寺社仏閣が数多くあるので、寄り道も楽しい 2 北鎌倉の円覚寺。秋には美しい紅葉に彩られる 3 コースのあちこちで海を見下ろすことができる

の良さ、程よい高低差とコースタイム、しかも、最後には多くの見所がある鎌倉の中心地に下山する、週末の日帰り登山にはうってつけのルートだ。ただし、途中で通過する寺の境内には急で長い階段が待ち受け、雨天直後にはぬかるみとなるような箇所や、ロープが掛けられた部分もある。低山だからと街歩き気分で入山することは決してせず、山用の服装、登山靴などの装備をきちんと整えて歩こう。

スタートとなるのは北鎌倉駅。ここからしばらくは線路沿いに歩き、鎌倉街道に出る。鎌倉街道沿いの歩道は幅が狭いので、車の往来に注意しながら歩こう。やがて、最初のポイント、建長寺に到着する。この寺は1253年に中国から来た禅僧によって創建された古い寺で、境内は国の史跡に登録されている。拝観料を払い、立派な山門をくぐったら、「天園ハイキングコース」と書かれた標識に沿って進む。ここから天狗の銅像が並ぶ半僧坊（はんそうぼう）と呼ば

VOICE 1月4日：家族で行くのがおすすめですね by shibamiff

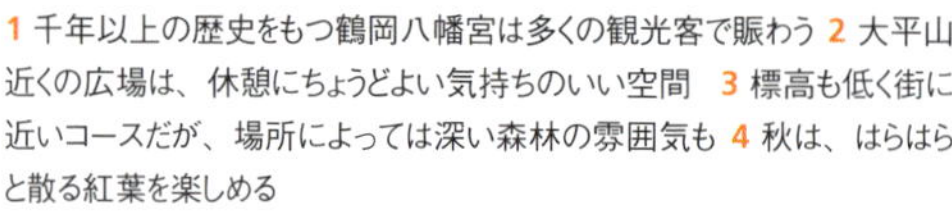
1 千年以上の歴史をもつ鶴岡八幡宮は多くの観光客で賑わう 2 大平山近くの広場は、休憩にちょうどよい気持ちのいい空間 3 標高も低く街に近いコースだが、場所によっては深い森林の雰囲気も 4 秋は、はらはらと散る紅葉を楽しめる

れる地点までは、急で長い石の階段が続く。半僧坊にはベンチがあるので、弾んだ息を整えよう。そこからもう少し石段を登れば、勝上献（しょうじょうけん）展望台に到着する。展望台からは鎌倉の街の先に広がる相模湾や富士山（P74）を見ることができる。

ここからは本格的な登山道になる。途中、ロープがかけられた急な斜面もあるが、慎重に歩けば問題はない。その先を行くと、鎌倉アルプス最高峰となる大平山に到着。この頂上のすぐ下には休憩にちょうどよい広場があり、昼時にはお弁当を広げて思い思いに山の時間を楽しむ登山者が見られる。広場からゴルフ場の横にある道を進むと天園休憩所と看板のある茶屋がある。しばらく進むと六国峠の分岐に到着する。ここからは獅子舞谷方面へ下り亀ヶ淵を経由して鎌倉寺へ向かう。鶴岡八幡宮に立ち寄り、お参りをしたら、にぎわう小町通りを経て、鎌倉駅に到着する。

VOICE 9月18日：歴史を感じる素晴らしいコースに本当に感動しました by kahiko

▶コースNAVI

アドバイス 途中に茶屋もあるが、飲料水や行動食、必要ならば昼食などもあらかじめ用意してから入山しよう。

鍋割山（なべわりやま）

緩やかな草原が広がる山頂から
街と海、富士山のパノラマを一望

神奈川県

1日目 6時間10分

春 芽吹く新緑がまぶしい
夏 日差しを和らげる木陰を歩く
秋 里山に広がる広葉樹の紅葉
冬 眼下に望む海と街の展望

アクセス

¥ 1,300円
時 約1時間55分

往路
新宿駅
小田急線
新松田駅
富士急行バス
寄バス停

復路
寄バス停
富士急行バス
新松田駅
小田急線
新宿駅

マイカー

P 寄自然休養村管理センター駐車スペース

標高 約280m
台数 約40台
トイレ 有
料金 --
（駐車時は管理センターに要確認）

鍋割山は神奈川県丹沢山塊にある標高1272mの山。山頂付近の形が鍋を割って伏せた形に見えるために「鍋割山」となったという説と、なめらかな岩を指す「滑（なめ）」が割れた沢が近くにあったため「なめわれ」が訛り「なべわり」になり「鍋割山」となったという説がある。

山頂付近の緩やかな草地に立てば、横浜や小田原の街並み、輝く相模湾、そして富士山（P74）がどんとそびえる、すばらしい展望を楽しむことができる。そんな景色とともに味わいたいのが、頂上にある鍋割山荘で食べられる鍋焼きうどん（P72）だ。あつあつの土鍋に天ぷらなどの具がたっぷりと載せられたうどんは、寒い季節はもちろん、夏でも汗をかきながら食べる価値のある逸品だ。

鍋割山を目指すには、大倉から林道を歩き二俣から登山道を上がるコース、大倉から塔ノ岳に通じる大倉尾根の金冷やしから西に折れて鍋割山稜を進むコースなどが知られている。ここで紹介するコースは一転して人が少なくゆったりと歩くことができるルート。静かな山の雰囲気が味わえる、隠れた名コースだ。

スタートの寄（やどりき）バス停は静かな山間の集落だ。茶畑の合間をすすむと登山口となる。ここから、植林された杉林と広葉樹が混じり合う静かな道を進んでいく。しばらく登ると、最初のピーク、櫟山（くぬぎやま）に到着する。山頂は810mと標高は低いが展望があり、休憩にはもってこいの場所だ。ここからふ

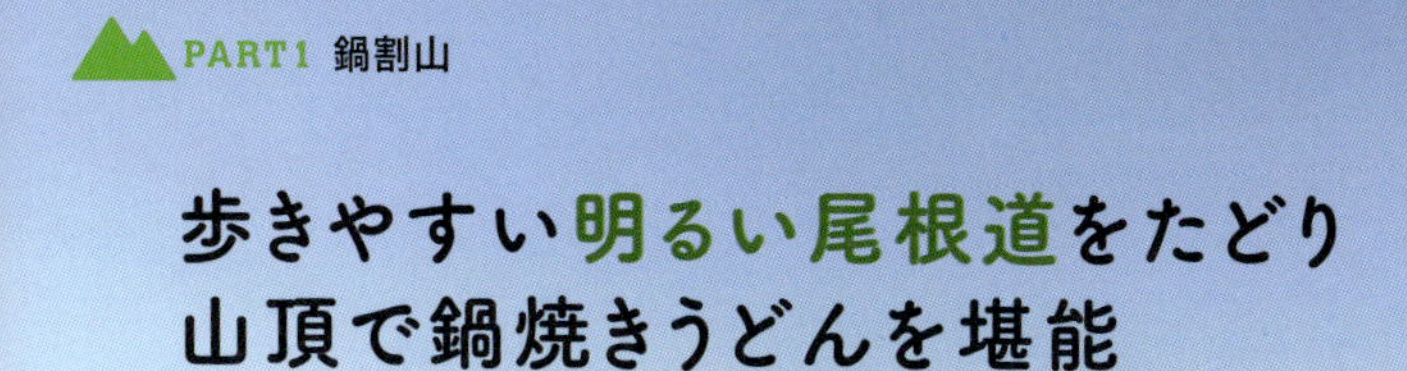

歩きやすい明るい尾根道をたどり山頂で鍋焼きうどんを堪能

1 鍋割山の山頂に近づくにつれて明るい雰囲気が広がってくる 2 スタート地点となる、寄バス停。集落の中の道でわかりにくい箇所もあるが、道標が要所要所にあるので安心だ

VOICE 6月24日：この時期の表丹沢は山ビル（ヒルの仲間）が多くいるので注意 by alpengluehen

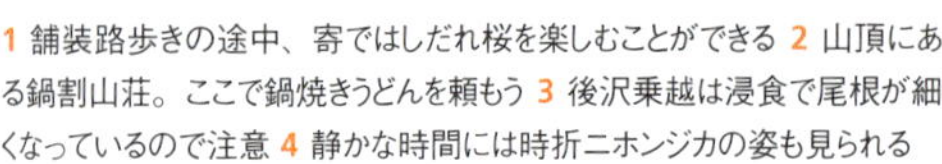
1 舗装路歩きの途中、寄ではしだれ桜を楽しむことができる 2 山頂にある鍋割山荘。ここで鍋焼きうどんを頼もう 3 後沢乗越は浸食で尾根が細くなっているので注意 4 静かな時間には時折ニホンジカの姿も見られる

たたび樹林の中を進み、次のピーク、908mの栗ノ木洞を目指す。この山頂は木々に囲まれていて展望がないのが残念。山頂を過ぎると、すぐに急な下りが始まる。距離は短いが、転倒などには十分注意しよう。シカの食害を防ぐ柵沿いに進むと、やがて後沢乗越にたどり着く。乗越の近辺は斜面の崩壊が進んでいて、やせた尾根となっている。**転落防止のロープが張られているので、慎重に進もう。**

ここからは、山頂に向けて急登が始まる。尾根につけられたジグザグの道を、時に岩を越え、時に木の根に掴まり登っていくと、やがて道は緩やかになる。アセビなどの灌木の中に付けられた、丸太とブロックで作られた階段を上れば、鍋割山の山頂に到着だ。

帰りは同じ道を戻る。**樹林の中のルートなので暗くなるのは日没よりもかなり早く、注意が必要だ。**そのことを頭に入れて下山を開始したい。

VOICE 12月22日：鍋割山では定番のうどんを食べ、展望も富士山や南アルプスまであり大満足 by piepie

▶コースNAVI

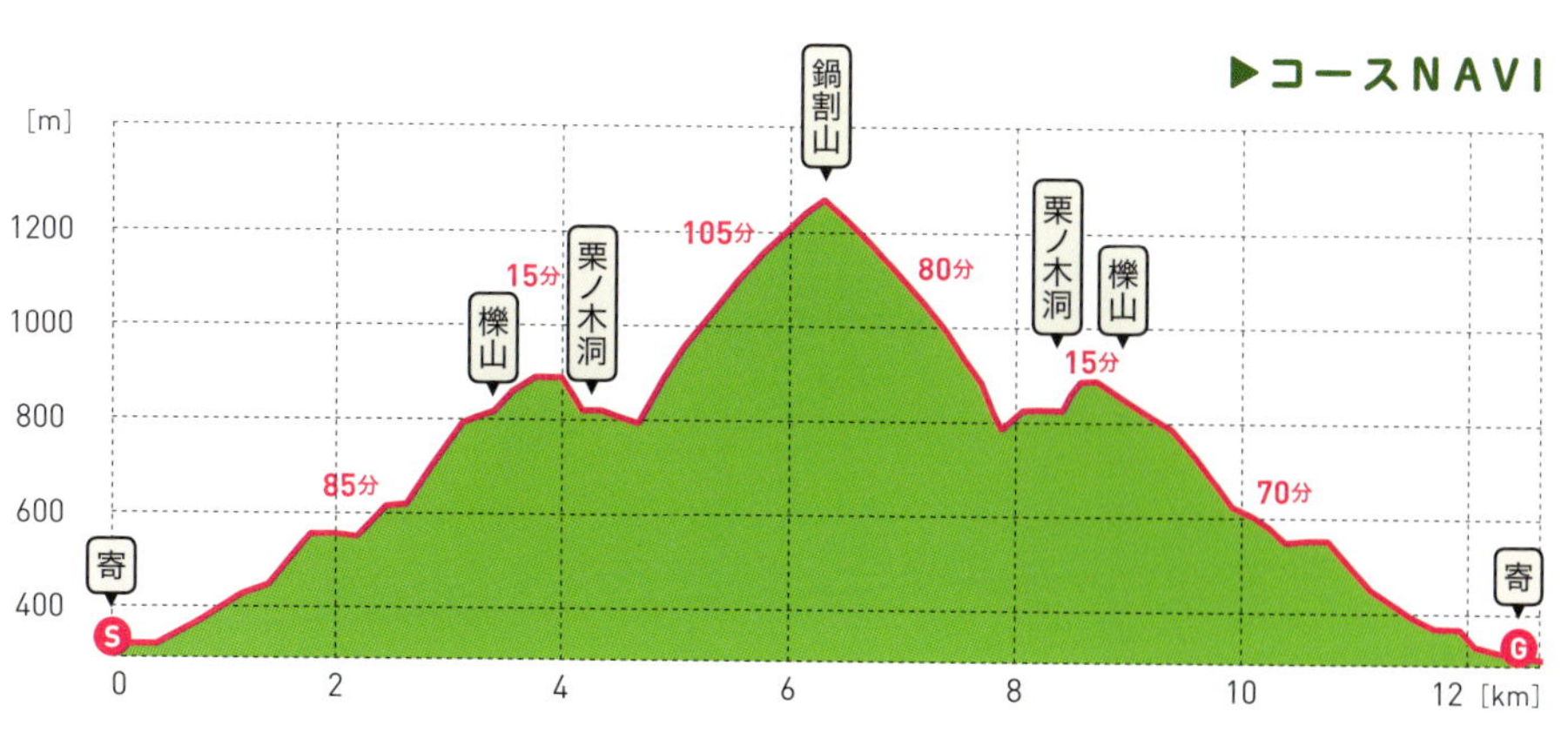

アドバイス 山頂以外に小屋はなく、コース途中には水場もないので、行動食や飲料水は必携。

体力レベル ★★☆☆☆
技術レベル ★☆☆☆☆

大菩薩嶺(だいぼさつれい)

短時間で2000mの高みに立てる好アプローチの名山

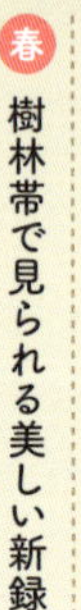

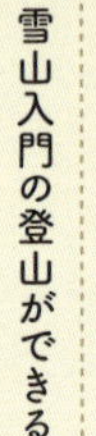

春 樹林帯で見られる美しい新緑
夏 稜線を渡る涼しい風が気持ちいい
秋 紅葉と笹原のコントラスト
冬 雪山入門の登山ができる

山梨県
1日目 4時間15分

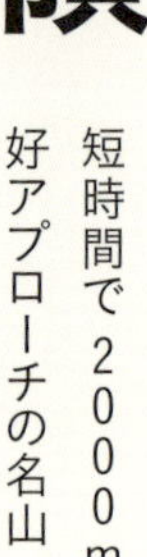

7月 1

アクセス

¥ 片道2,940円
時 片道2時間40分

往路
新宿駅
JR中央本線
甲斐大和駅
栄和交通バス
上日川峠バス停

復路
新宿駅
JR中央本線
甲斐大和駅
栄和交通バス
上日川峠バス停

マイカー

P 上日川駐車場(第1、第2)
標高 1,584m
台数 約60台
トイレ 有
料金 --

山梨県にある大菩薩嶺は、秩父多摩甲斐国立公園の中でも代表格といえる秀峰。標高2057mの山だが、4月中旬から12月上旬までは約1600mの上日川峠(かみひかわとうげ)まで、マイカーやバスでアプローチができる。よく整備された登山道を歩けば、比較的短時間で2000mに届く稜線の雰囲気を味わうことができる。さらに、万が一のときにも有人の山小屋やエスケープルートもあるので安心だ。「低山歩きから、もう少し高い山にステップアップしてみたい」と考えるハイ

気持ちのよい笹原が広がる稜線から素晴らしいパノラマを堪能

1 雷岩から大菩薩峠までの道のりは、絶景続きの尾根道 2 賽ノ河原付近にはケルン（積んだ石の道標）がある 3この目印のある稜線から、大菩薩湖と富士山を望むことができる

カーにとって、うってつけの「高山入門の山」といえるだろう。

雷岩から大菩薩峠へ続く稜線上の道は笹原となり、富士山はもとより南アルプスや奥秩父の峰々、乗鞍岳（のりくらだけ）なども見渡せる。特に、秋から冬にかけては澄んだ青空の元に広がる関東平野の眺めは絶景。その景色は忘れられない山旅の思い出となるはずだ。

しかし、大菩薩嶺の山頂付近はミズナラやコメツガ、トウヒなどの針葉樹に囲まれ、残念ながら展望はない。三角点と標識があるだけだが、このコースの最高点に来た証として、写真に収めておこう。

晩秋や初冬には平地よりも早く雪が舞うこともあり、夏でも悪天候時には気温がぐっと下がるので、防寒対策は忘れずにしよう。また、春は5月近くまで雪が残ることもあるので、しっかりした登山靴と軽アイゼンなどの装備も必要となる。

登山道は全体を通してよく整備され

VOICE 5月11日：日当たり良くスッキリ空に伸びるカラマツが爽快で気持ちよい尾根道でした（唐松尾根）by uutan

1 雷岩から見える富士山。手前には大菩薩湖も見下ろせる
2・3・4 上日川峠にあるロッヂ長兵衛。宿泊者には山の幸をふんだんに使った食事が振る舞われる。自然とマッチしたログ造りの建物には浴室もある。前泊で利用すれば、早朝の静かな山歩きを楽しめる

ていて、危険箇所は少なく、安心して歩くことができる。ロッヂ長兵衛のある上日川峠から唐松尾根分岐となる福ちゃん荘までは幅広く歩きやすい道が続く。唐松尾根に入ると緩やかな樹林帯が徐々に傾斜を増し、道幅も狭くなり登山道らしい雰囲気に変わる。登りきれば、パノラマが広がる雷岩に到着する。ここから山頂の大菩薩嶺までは往復30分もかからない。雷岩から大菩薩峠へと南下する稜線の道は岩が転がるルートだが、よく歩かれていて不安な場所はない。**ただし、なだらかに広く開けた尾根道なので、霧などの視界がない時の道迷いと、風が強い時の体感温度の低下には注意したい。**

介山荘（かいざんそう）が建つ大菩薩峠を通過し、石丸峠へと続く道は木々の間を縫うように進む。再び笹原が広がるとそこが石丸峠。ここから道は西に折れて、上日川峠へ向かう。途中、バス停のある林道を横切り、再び山道となる。数回沢を渡り、登り返すとスタート地点に戻る。

VOICE 11月25日：富士山みるなら大菩薩嶺ってのも頷けますね by sakura0725

▶コースNAVI

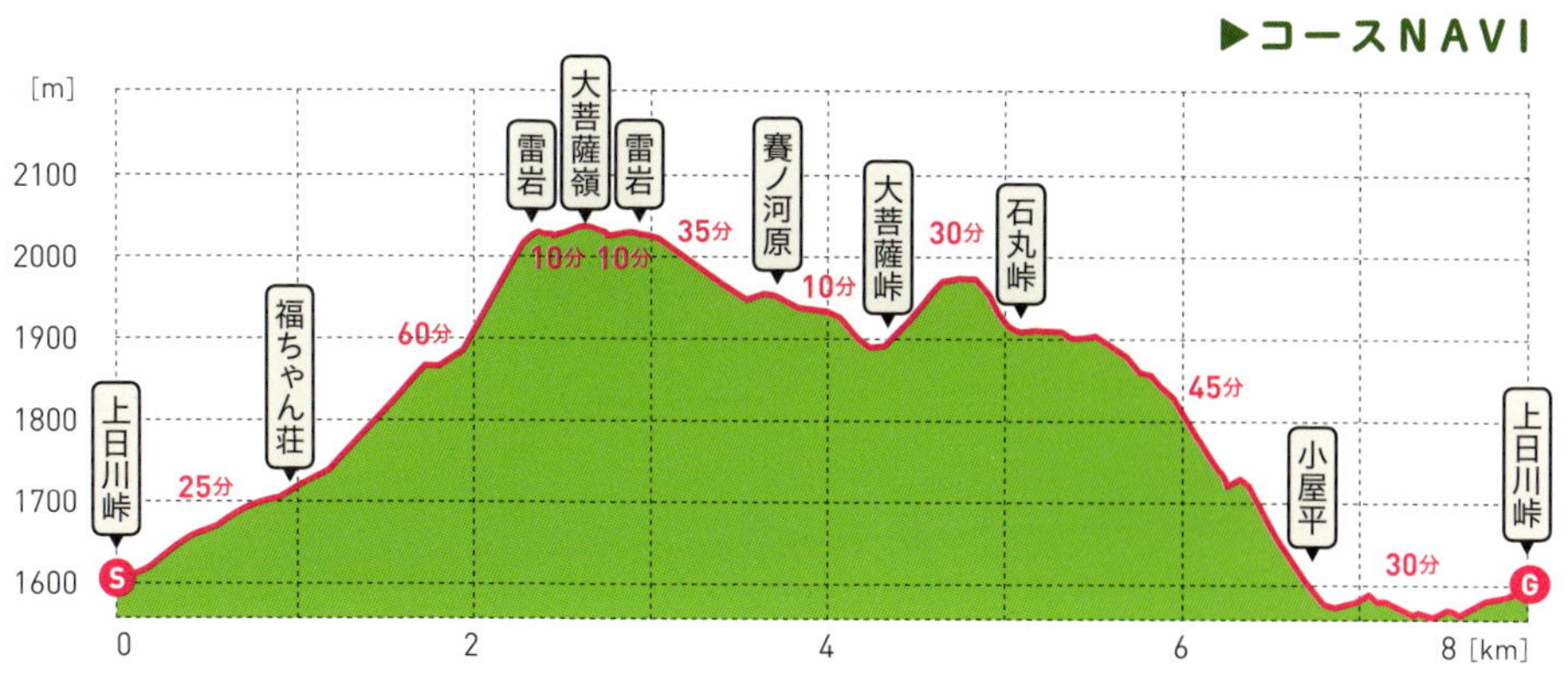

アドバイス 12月から4月までゲートが閉まり、上日川峠まで車で入ることができないので注意。

入笠山

大展望と星空が魅力の南アルプス前衛の山

長野県

1日目 2時間40分

春 100万株あるスズランの花

夏 湿原に咲き乱れる高山植物

秋 木々の紅葉と湿原の草紅葉

冬 満天の星空とスノーハイク

4月 ①

アクセス

¥ 約6,350円
時 約3時間30分

往路
- 新宿駅
- JR中央本線
- 富士見駅
- タクシー
- 沢入登山口

復路
- 沢入登山口
- タクシー
- 富士見駅
- JR中央本線
- 新宿駅

マイカー

P 沢入登山口駐車場

標高 1,450m
台数 約25台
トイレ 有
料金 --

長野県にある入笠山の標高は1955m。南アルプスと呼ばれる赤石山脈最北部に立つ前衛の山だ。この山の北東側には富士見パノラマリゾートがあり、裾野から1800m付近まで一気に登ることができるゴンドラリフトがかかっている。そのリフトを使えば、積雪期でも2000mに近い標高を持つ頂上付近までアプローチすることができ、スノートレッキングなどを楽しむことができる。

また、花の宝庫としても知られてい

春はスズラン、冬はスノーハイク
四季を通して楽しめる人気の山

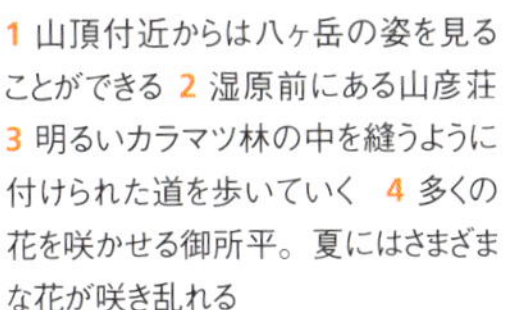

1 山頂付近からは八ヶ岳の姿を見ることができる 2 湿原前にある山彦荘 3 明るいカラマツ林の中を縫うように付けられた道を歩いていく 4 多くの花を咲かせる御所平。夏にはさまざまな花が咲き乱れる

て、中腹にある入笠湿原では、春から秋に掛けて数多くの高山植物を見ることができる。特に100万株はあると言われているニホンスズランの大群落があり、6月にはその可憐な白い花の絨毯を見ることができる。湿原の先にはJAXA（宇宙航空研究開発機構）の施設、入笠山光学観測所があり、小惑星の観測などに使用されている。御所平峠に建つマナスル山荘にも天体観測用のドームが作られており、星空を眺めるには最高の場所としても人気を集めている。

この山の頂上に到達するにはゴンドラリフトを利用するのがいちばん早いが、中腹にある沢入の登山口から登ると、無積雪期の日帰り登山にはちょうどよい行程となる。

公衆トイレのある沢入をスタートし、明るい樹林帯の中を進んでいく。1時間ほど歩けば、入笠湿原に到着する。6月のニホンスズランをはじめ、数多くの花々を木道の上から楽し

VOICE 6月24日：入笠湿原に入ると、甘〜いスズランの香りでいっぱい by Yucorin

1 5月下旬から6月下旬にかけて、約100万本のニホンスズランの群落を楽しめる 2 岩場コースにはクサリが架けられている場所もあるが、初心者にもほどよい難易度 3 雪を頂いた南アルプスの姿も見渡せる 4 両方のコースを楽しむなら、登りで岩場コース、下山時に迂回コースがおすすめだ

みたい。ニホンジカの食害を防ぐ為のゲートを通り、山頂へと進んでいく。途中、車道と平行する木屑を敷き詰めた道を歩き、御所平峠付近から再び本格的な登山道になる。山頂近くでは、岩をよじ登ることもある急な坂となるが、30分ほどで頂上に到着する。

広く緩やかな頂上からは、360度の素晴らしい景色を一望できる。霧ケ峰や美ヶ原、南アルプスや中央アルプス、八ヶ岳から富士山（P74）、遠くは北アルプスまでの大パノラマが広がる。大展望を満喫したら下山開始。頂上直下は2つのルートがあり、登りに使った急な道を下るのが不安な人は、緩やかに下る東側のルートを選ぶこともできる。

積雪期は、入笠湿原が雪に覆われて、スノーハイクを楽しむことができる。しかし、2000m近い標高のある山は天気が急変することもあるので、気象や積雪量、雪の状況を見極めて、白銀の世界を味わおう。

VOICE 10月14日：植物鑑賞なら夏、景色を眺めるのなら秋・冬が良いようです by takakei

アドバイス　タクシー利用の場合は、あらかじめ予約をしておきたい。冬期のマイカー利用時には凍結に注意。

三ツ峠山（みつとうげやま）

雄大な富士の姿を堪能できる
歴史を感じる史跡のある霊山

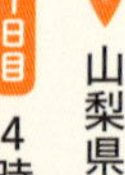
山梨県

1日目 4時間50分

春 芽吹きの新緑がまぶしい

夏 青空をバックにした雄大な富士山

秋 カエデなどの燃えるような紅葉

冬 澄んだ空気の先に広がる大展望

アクセス

¥ 約3,700円
時 約2時間15分

往路
新宿駅
JR中央本線
大月駅
富士急行線
三つ峠駅
タクシー
いこいの森

復路
いこいの森
タクシー
三つ峠駅
富士急行線
大月駅
JR中央本線
新宿駅

マイカー

P いこいの森駐車スペース

標高 858m
台数 約30台
トイレ 有
料金 --

三つ峠駅にはタクシーが常駐していないので、予約しておくか都留市駅で下車しタクシーを利用する

三ツ峠山は山梨県にある標高1785mの山。この標高は開運山（かいうんざん）のもので、すぐ近くには標高1775mの御巣鷹山（おすたかやま）と、標高1732mの木無山（けなしやま）がある。これら3つの山の総称として「三ツ峠」と言われているが、そのなかでも一番高い開運山を「三ツ峠山」と呼んでいて、現在は定着している。

古くから霊山として知られ、僧侶が修行のために入山していたと言われているこの山は、駅から歩くこともできるアクセスのよさや、山頂から見るこ

巨岩が転がる山腹をたどり 大展望が広がる山頂でくつろぐ

1 紅葉の季節に積雪がある年も 2 スタート直後、樹林帯にある道を登る 3 馬返しにある立派な標識。その文章にあるように、「まだしばらくはジグザグ状の急坂が」続くので気を引き締めていこう

とのできる富士山（P74）の美しい姿から、多くの人が訪れている。登山道はよく整備されていて、通年営業する山小屋も2軒あるので、安心して山歩きを楽しめる。富士急大月線の三つ峠駅から歩いてアプローチすることもできるが、ここで紹介するのは、中腹のいこいの森からスタートするプラン。かなりのタイム短縮が可能だが、**頂上までは1000m近くの標高差を登ることになるので、焦らず自分のペースを保って歩きたい。**

登山口からしばらくは舗装された林道を緩やかに登っていく。やがて「三ツ峠登山道」の看板があり、ここから本格的な登山道になる。杉林の中を登っていくと、石に梵字が刻まれた達磨石がある。この先にも、愛染明王塔、空胎上人の墓、八十八供養塔、坂東三十三カ所観音塔など、数多くの史跡が残っている。歴史をしのびつつ道をたどっていくと、やがて股のぞきと呼ばれるポイントに到着する。晴れて

VOICE 8月6日：多種多様のお花が登山道を彩り、とても楽しめました(*´▽`*) by onigiri1ko

1 山頂より四季楽園、三ツ峠山荘を望む。その先には南アルプスの眺めが 2 360度視界が開ける山頂には石碑が置かれている 3 八十八体の弘法大師の石仏が祀ってある 4 梵字が刻まれた達磨石は登山道からすぐ

いれば、木々の間から富士の山頂を望むことができるだろう。さらに進むと馬返し、そして、数多くの石仏が立ち並ぶ八十八大師を通過する。ここから山頂までの道はやや荒れている。斜面に付けられた道のところどころが崩れ、木製の橋などが掛けられている。しっかりと整備されいるので問題はないが、気を付けて歩きたい。ほどなくすると、眼前に巨大な岩肌、屏風岩が立ちはだかる。この岩の下を沿うように歩くと分岐に到着する。時間に余裕があれば、西に進んで三ツ峠山荘に寄ってみるのもいい。北西へ歩けば、四季楽園の建物が見えてくる。ここから山頂まではもう一息。最後に石で作られた階段を登れば山頂に到着する。頂上では、左右に広く裾野を延ばした美しい富士山の姿を堪能できる。遠くには北岳（P120）や甲斐駒ヶ岳（P110）など南アルプスの峰々、そして、条件が揃えば北アルプスの穂高連峰の姿も見ることができる。

VOICE 11月6日：よく歩かれている登山道なので、道案内も親切明瞭 by bk138

▶コースNAVI

アドバイス 徒歩では三つ峠駅から約5km、約1時間 30 分でいこいの森に。タクシーは約 15 分、約 1,500 円。

体力レベル ★★★★★
技術レベル ★★★★★

四阿山（あずまやさん）・根子岳（ねこだけ）

日本百名山と花の百名山
2つの名峰を一気に登頂

群馬県／長野県

1日目 6時間35分

アクセス

¥ 6,960円
時 約2時間40分

往路
- 新宿駅
- JR埼京線
- 大宮駅
- JR北陸新幹線
- 上田駅
- 上田バス
- 菅平高原ダボスバス停

復路
- 菅平高原ダボスバス停
- 上田バス
- 上田駅
- JR北陸新幹線
- 大宮駅
- JR埼京線
- 新宿駅

マイカー

P 菅平牧場駐車場

標高 約1,590m
台数 約150台
トイレ 有
料金 1人200円（牧場入園料）

春 山のあちこちに咲く花を愛でる
夏 麓の高原を渡る涼しい風
秋 草原と森林を覆う紅葉の景色
冬 スノーシューを履いてのトレッキング

長野県と群馬県の県境に立つ標高2354mの四阿山と標高2207mの根子岳。四阿山は、作家の深田久弥が記した『日本百名山』にも選ばれている。約34万年前の噴火によって形成されたカルデラが浸食され、この四阿山と根子岳、そして浦倉山（うらくらやま）、奇妙山（きみょうさん）という、4つのピークが生まれた。四阿山の南に延びる尾根の途中には「四阿山の的岩」と呼ばれる、国の天然記念物に指定された奇岩があり、かつての火山活動を思わせてくれる。根子岳は「花の百名山」にも

牛もくつろぐ広々とした牧場から景色よいカルデラの山頂を目指す

1 深い笹の中に付けられた道を稜線に向かって登る 2 稜線に出ると空が広がる。滑りやすい斜面には木の階段が付けられていたりと、よく整備されている 3 四阿山山頂には古い祠が立つ

選ばれていて、ウメバチソウ、ハクサンチドリ、ミネウスユキソウなど、数多くの花を見ることができる。

2000mを超える山だが、スタート地点となる菅平牧場登山口の標高が1600m近くあるので比較的短時間で頂上に立つことができる。コースもよく歩かれていて、頂上からの眺めも素晴らしく、楽しい日帰り登山を楽しむことができるだろう。

スタートは菅平牧場登山口。牧場で草を食む牛の姿に和みながら登り始める。シラカバやダケカンバが茂る樹林帯を行くと、途中、大明神沢に掛けられた丸太橋を渡る。雨の日などはすべりやすいのでスリップに注意したい。林道に一度出て、再び登山道に戻る。緩やかに登っていくと、やがて木々の背が低くなり、展望が開けてくる。小四阿(こあづまや)と呼ばれる小ピークに着くと、目の前に四阿山の山頂が見えてくる。その山頂を目指して笹と岩が混在する道を進み、中四阿(なかあづまや)を通過。や

VOICE 5月27日：南アルプスから北アルプスまで一望でき、これでこそ百名山だなと by Raguon

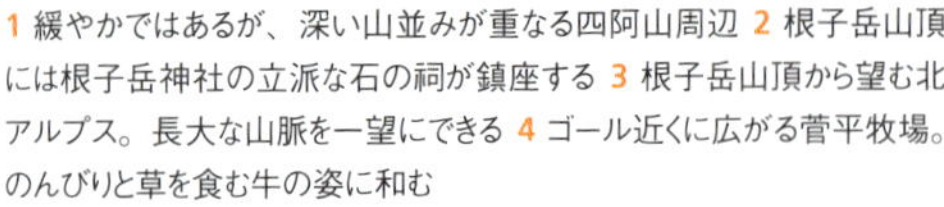

1 緩やかではあるが、深い山並みが重なる四阿山周辺 2 根子岳山頂には根子岳神社の立派な石の祠が鎮座する 3 根子岳山頂から望む北アルプス。長大な山脈を一望にできる 4 ゴール近くに広がる菅平牧場。のんびりと草を食む牛の姿に和む

がて根子岳との分岐に到着すると右に進み、四阿山方面へ向かう。木道が現れたら、山頂はすぐそこ。山頂には長野県と群馬県側に、2つの祠が建つ。天気がよければ北アルプスをはじめ浅間山、八ヶ岳、蓼科山（P68）、南アルプスの先にある富士山（P74）も望むことができる大パノラマが広がる。

　景色を楽しんだら、次のピーク、根子岳へ向かう。分岐まで戻り、樹林の中を進む。ヤブが濃いこともあるので道迷いには注意しよう。やがて笹が広がる眺めのよい尾根にたどり着く。鞍部から登り返すと、そこが根子岳の山頂だ。山頂を後にして下山を始める。緩やかな尾根を下っていくと、やがて牧場の斜面に出る。あずまやがある休憩ポイントを過ぎれば、ゴールはほど近い。牧場横の道を下りきれば、登山口に戻ることができる。牧場で販売されている牛乳やソフトクリームはその濃厚な味で人気の商品。登山で疲れた体にしみ渡るおいしさだ。

VOICE 10月10日：山頂からの展望は浅間連山がドーンと構えて素晴らしいの一言 by harukiti

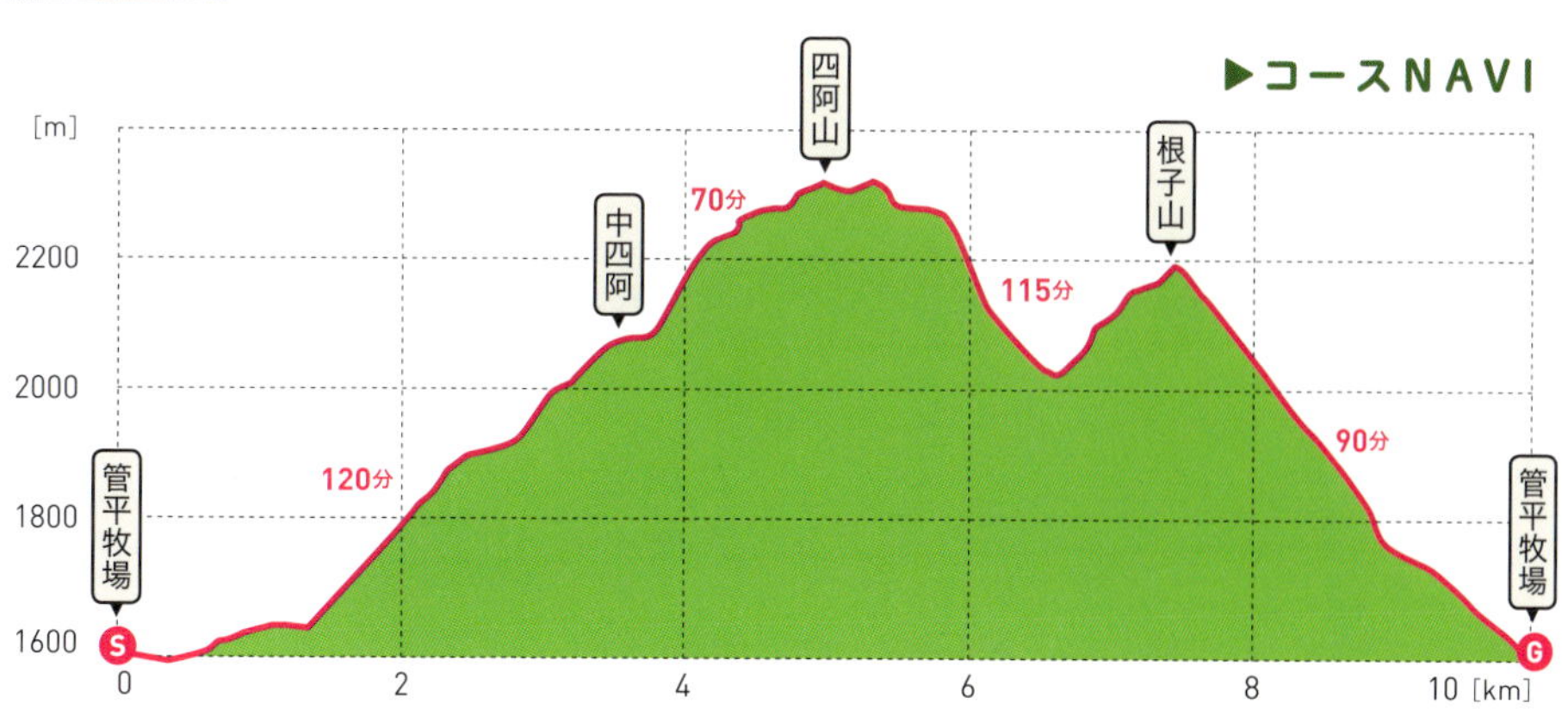

アドバイス 部分的に笹などのヤブが濃いこともあるので、道迷いに注意。冬は防寒対策とスノーシューが必要。

COLUMN 1

ロープウェイで楽しむ登山

手軽に登山を楽しむのはもちろん、空中からの景色を楽しむ特別感を味わうことができるロープウェイを活用して登山を楽しんでみましょう。

PICK UP ロープウェイ

埼玉県

宝登山ロープウェイ

早春にロウバイの花が咲き誇る宝登山。都心からのアクセスに優れ、登山デビューや家族連れにもおすすめのハイキングコースだ。山頂にある小動物公園は一見の価値あり。レトロな搬器のデザインも魅力的。

運行期間 通年運行（定期検査あり） 料金 往復大人820円・小人往復410円 定員 50名 所要時間 5分 全長 832m

栃木県

日光白根山ロープウェイ

日光白根山麓にある丸沼高原から標高2,000mに位置する山頂駅までをつなぎ、山頂までは残り標高578mと、ロープウェイを使えば日本百名山にチャレンジしやすいルートとして人気がある。山頂駅には足湯もある。

運行期間 5/26 ～ 11/4（年度によって期間、運休日は異なる） 料金 往復大人2,000円・小人1,000円 定員 8名 所要時間 約15分 全長 2,500m

長野県 by yoshi7673

北八ヶ岳ロープウェイ

初心者から上級者まで、四季を通じて楽しめるのが北横岳。ロープウェイの終点が標高約2,200mと高いので、高山植物や素晴らしい展望を楽しめるのが特徴。ここを起点に麦草峠方面へ縦走しても面白い。

運行期間 通年運行 料金 大人往復1,900円・小人往復950円 定員 100名 所要時間 7分

奈良県

葛城山ロープウェイ

5月に見頃を迎えるツツジをはじめ、新緑、ススキなどの季節によって見所が変わる魅力の大和葛城山。ロープウェイを利用すれば、いっきに山上へと登ることができ、登山初心者におすすめ。ハイシーズンにはハイキング客で賑わいをみせている。

運行期間 通年運行 料金 往復大人1,250円・小人630円 定員 51名 所要時間 約6分 全長 1,421m

富山県

立山ロープウェイ

立山の東側斜面にあり、黒部平駅と大観峰駅までをつなぐロープェイは、山麓から山頂まで支柱を一本も持たないワンスパン方式のロープウェイとして、距離1,700mと日本一の長さを誇る。山と湖を一度に楽しめる眺望は圧巻。

運行期間 冬期運休 料金 往復大人1,940円・小人970円 定員 80名 所要時間 約7分 全長 1,700m

日帰りで楽しむ ハイキングルート5 (中級編)

続いては日帰りハイキングでも難易度が高めの5ルートを紹介します。
急坂を延々と登ったりロングコースだったり、はたまた岩場やクサリ場を越えたりと、
バリエーション豊かなルートに挑戦してレベルアップを図りましょう。

体力レベル ★★★☆☆

技術レベル ★★☆☆☆

谷川岳（たにがわだけ）

日本有数の岩壁をかかえた日本海と太平洋の分水嶺となっている名山

群馬県／新潟県

1日目 6時間5分

春 残雪がなくなるのは6月ごろ

夏 濃い緑と稜線の青い夏空が美しい

秋 荒々しい岩肌に紅葉が映える

冬 アイゼン・ピッケルが必要な上級者ルート

アクセス

¥ 6,640円
時 約1時間50分

往路

- 上野駅
- JR上越新幹線
- 上毛高原駅
- 関越交通バス
- 谷川岳ロープウェイ駅バス停

復路

- 谷川岳ロープウェイ駅バス停
- 関越交通バス
- 上毛高原駅
- JR上越新幹線
- 上野駅

マイカー

P 谷川岳ロープウェイベースプラザ

標高 約730m
台数 約1,500台（室内、屋外）
トイレ 有
料金 500円

日本三大急登の先に広がるパノラマの世界

by tsugu74

新潟県と群馬県の境を走る三国山脈。その一角にそびえる谷川岳は、標高1963mのトマノ耳（手前の耳、の意味）、標高1977mのオキノ耳（奥の耳、の意味）という2つのピークを持つ双耳峰。麓からは、まるで耳がぴんと立っているように見え、すぐに谷川岳とわかる特徴的な姿を持つ名山だ。

この山域一帯は日本海側と太平洋側の異なる気団がぶつかるため天気が安定しないことが多い。雨はもちろん、積雪の多さは特に有名で、その雪が長い年月をかけて山を削り急峻な渓谷を作り出していて、厳しくも幽玄な山の景色を見せている。西黒尾根から見えるマチガ沢や谷川岳東面の一ノ倉沢などはその代表例で、そそり立つ荒々しい岩の壁面は見る人に強烈な印象を与える。

また、その気象条件の厳しさから、他の山域に比べて森林限界が低いのも特徴である。1600m付近から木々が少なくなり、視界が開け、稜線に上がれば360度に広がる素晴らしい景色を一望できるのも、この山の魅力のひとつだ。

スタートのベースプラザから林道をしばらく進むと、コース中最後の水場となる登山指導センターの建物を通過する。さらに歩いていくと、登山道入口が見えてくる。ここからいよいよ西黒尾根の登りが始まる。

ブナ林のなかに付けられたこのコースは、日本三大急登に数えられるほど急な道として有名で、登り出しからい

1 西黒尾根の中間部は樹立帯の急な登り坂が続く　2 西黒尾根の稜線に出ると、クサリ場と岩場の連続　3 オキノ耳山頂近くにある富士浅間神社、奥の院の鳥居

VOICE 7月8日：花や残雪の稜線等の絶景が続き、日に焼けながらも楽しい山行となりました by aznol

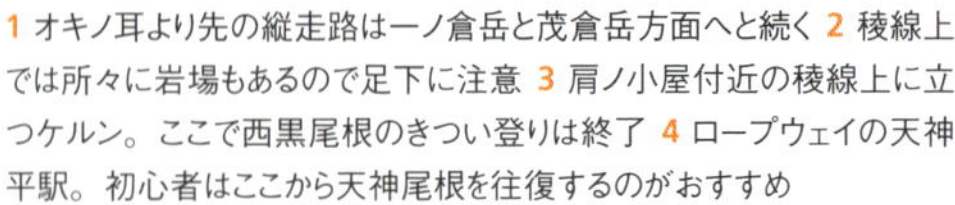

1 オキノ耳より先の縦走路は一ノ倉岳と茂倉岳方面へと続く 2 稜線上では所々に岩場もあるので足下に注意 3 肩ノ小屋付近の稜線上に立つケルン。ここで西黒尾根のきつい登りは終了 4 ロープウェイの天神平駅。初心者はここから天神尾根を往復するのがおすすめ

きなり急登ではじまる。適時休みながら登っていきたい。道はよく整備されているが、途中、**ほぼ垂直のようなクサリのかかる岩場も数度出てくる。蛇紋岩という滑りやすい岩が多いので十分注意しよう。**

道は次第に狭くなり、岩場の傾斜も増してくる。ラクダの背（ラクダのコブ）と呼ばれる小さなピークの下には3カ所のクサリ場があり、最初に現れるクサリは長さが8mほどもある。ラクダのコル、ザンゲ岩という休憩ポイントを経て、森林限界を超えて稜線に出れば、そこからトマノ耳はすぐそこだ。さらに奥にあるオキノ耳へは往復30分ほどとなる。

帰りは、素晴らしい景色を存分に楽しみながら稜線上の道を下ることになる。肩ノ小屋を通過し、天狗の留まり場という岩場を経て、熊沢穴避難小屋付近で樹林帯に入れば、ほどなくして天神平に到着する。ロープウェイを使ってベースプラザに戻ろう。

VOICE 10月8日：稜線に出ると岩稜地帯　鎖もあって登り応えありました by iwaemon21

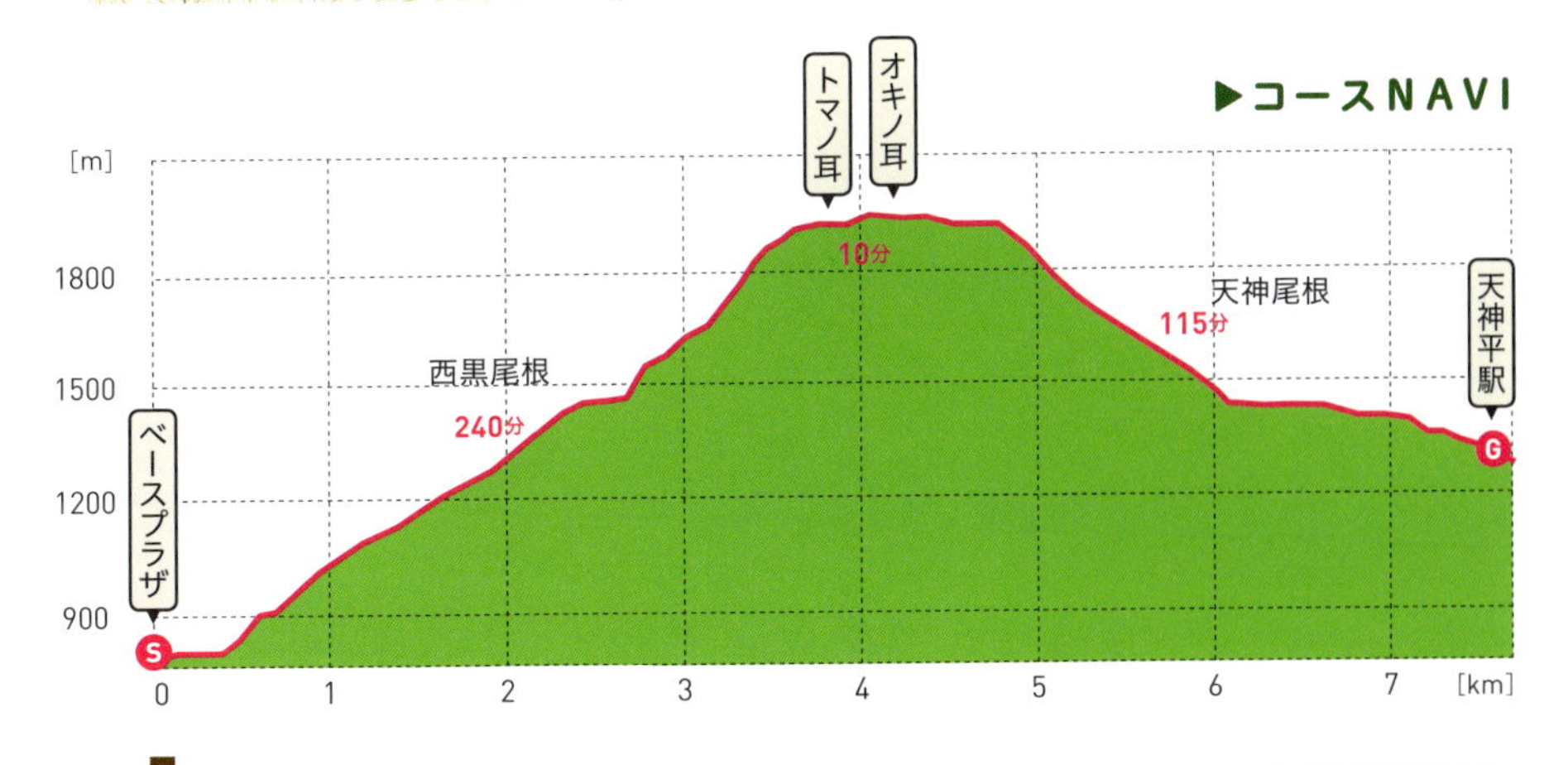

アドバイス 天気が変わりやすい場所で、麓が晴れていても稜線に近づくと悪天になる場合もあるので十分に注意。

沼津アルプス

体力レベル ★★★★★
技術レベル ★★★★★

街に近く安心して歩くことができる
海沿いに位置する変化に富んだ山

静岡県

1日目 7時間15分

春 サクラなどの花々を愛でる
夏 暑さを遮る木陰の中を歩く
秋 紅葉の気配を感じるススキの穂
冬 冬枯れの木漏れ日を堪能

沼津アルプスは、静岡県沼津市にある小さな山脈で、一番高い鷲頭山でも標高392mしかない。3000m級の山が連なる中部山岳地帯にそびえるアルプスと比べると、こちらは「低山アルプス」とも言えるような低い山々が連なって構成されている。北から香貫山、横山、徳倉山、志下山、鷲頭山、大平山、と続いていて、その山頂をつなぐ道が樹林の中を縫うように走っている。

その標高の低さゆえ、登山道を歩いていても、車道を走るクルマの音や、

アクセス

¥ 2,720円
時 約2時間30分

往路
- 品川駅
- JR東海道本線
- 沼津駅
- 東海バス
- 太平バス停

復路
- 黒瀬
- 徒歩
- 沼津駅
- JR東海道本線
- 品川駅

マイカー

太平の登山口近辺には駐車場がなく、登山口と下山口も離れているので、公共交通機関の利用がおすすめ。

きらきらと輝く海を見ながら
里山の雰囲気溢れる稜線を進む

1 志下峠から馬込峠の尾根上は空が広く見える場所が多い 2 人と山の密接なつながりを物語る祠もある 3 横山の山頂にある、カラフルでわかりやすい標識

学校のチャイム、街の喧噪も時折聞こえてくる。山深い静かな自然を楽しむという、登山とは違った趣だが、そのアクセスのよさと、何か起きたときにすぐに街へと下山できる安心感は大きな利点だ。そして何よりも、すぐ西の眼下に広がる海原がきらきらと輝きながら、その水面を木々の間から見せてくれる。海から近いので冬でも温暖な気候となり、葉を落とした木々の間の日だまりを歩く時間は、海沿いの低山ハイクならではの楽しさがある。

ルート後半の山頂からは、間近にせまる富士山（P74）の美しい姿や、南アルプス、丹沢や道志の峰々、そして眼下に目を落とせば駿河湾や、そこにうかぶ淡島も見渡せる、すばらしい展望が広がる。また、鷲頭山と大平山の間の尾根には岩場にかかるクサリ場もあり、変化にとんだ山歩きが楽しめる。低山とはいえ、なかなか歩きごたえのあるコースとなっている。

スタートは大平にあるバス停から。

VOICE 3月4日：コース取り次第で気楽な山歩きからガッツリハイキングまで色々楽しみ方は多そう by kukaminn

1 この山行での最高点となる鷲頭山山頂 2 香貫山近くに立つ案内板。行程全体を通して、わかりやすい道標が充実していて歩きやすい 3 香貫山の先、香貫台に建つ立派な五重塔。ここからゴールは近い 4 徳倉山の山頂からの景色。晴れていれば、美しい富士山の姿を間近に見ることができる

標高300m前後と低い山が続くが、歩き始めはほぼ海抜0mから。**しっかりとしたアップダウンがあり、コースタイムも7時間以上あるので、自分のペースをつかんで、焦らず歩きたい。**大平山、多比口峠（たひぐちとうげ）、その先のクサリ場を越えれば最高峰の鷲頭山だ。少し下った小鷲頭山からは気持のよい景色を望むことができる。志下峠から馬込峠では、開放的な尾根に付けられた道を歩く。

徳倉山の先、徳倉山から横山峠へ下り、横山へ登り返す。八重坂峠で車道を横切ると、気象観測用施設のある香貫山に到着する。山頂から少し歩いた場所にある展望台からは360度の大パノラマを望むことができる。ここからゴールの黒瀬までは緩やかに下る道になる。

途中にある香貫台には五重塔があり、その周りはソメイヨシノが植えられていて、シーズンには満開の花を楽しむことができるだろう。

VOICE 5月21日：標高400m未満の低山ですが、登り応えがあり、結構ハードな山行になりました by YosshiT

▶コースNAVI

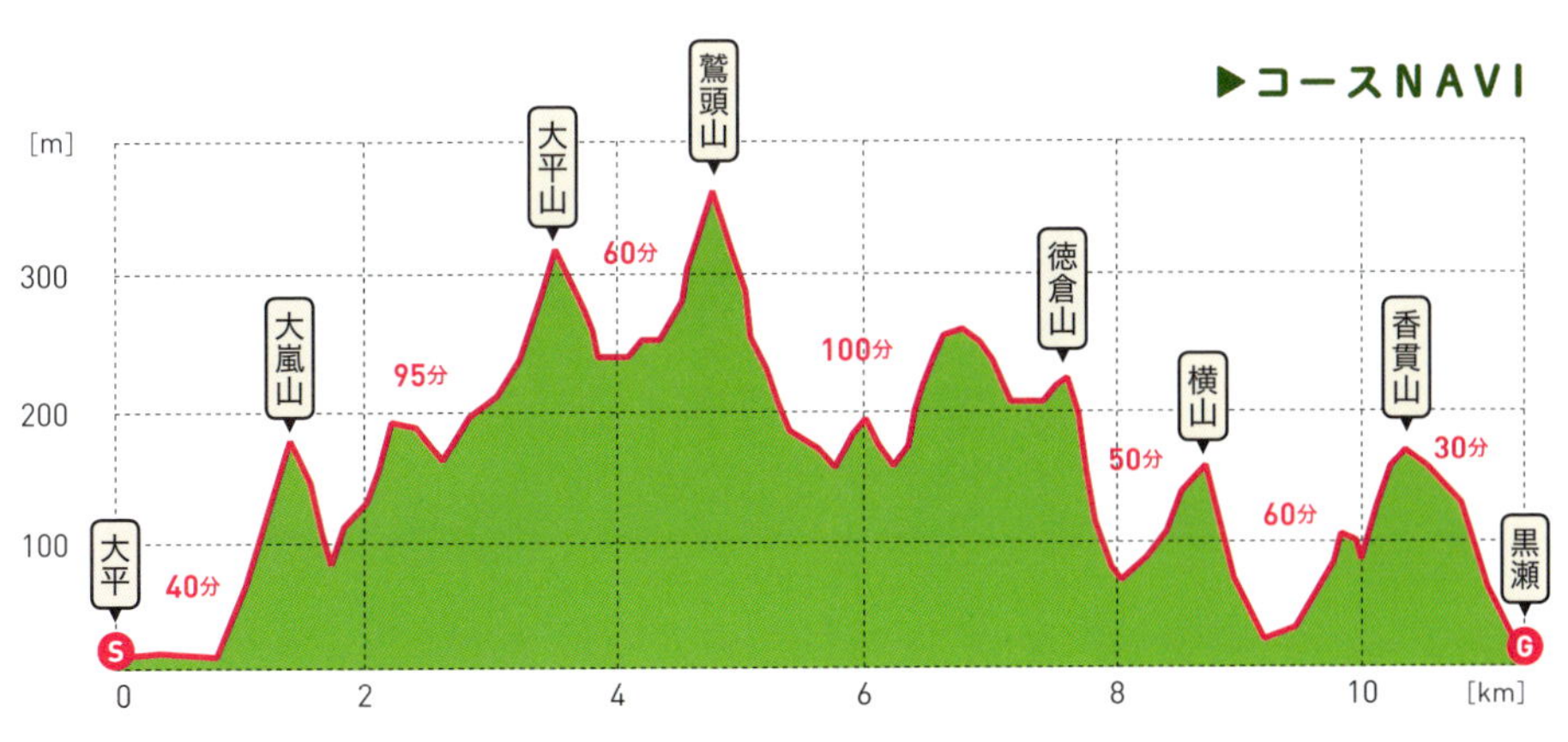

アドバイス　街に近い場所にあるコースだが、途中に売店や水場などがないので、行動食や飲料水は忘れずに。

乾徳山（けんとくさん）

草原、樹林帯、岩場
変化に富んだ道が楽しめる奥秩父の山

山梨県

1日目 6時間35分

春 木々の芽吹きがまぶしい

夏 濃い森の緑と冷たい清水

秋 紅葉と岩のコントラスト

冬 冬枯れの草原と澄んだ青空

アクセス

¥ 2,600円
時 約2時間40分

往路

- 新宿駅
  - JR中央本線
- 塩山駅
  - 甲州市市民バス（山梨交通バス）
- 乾徳山登山口バス停

復路

- 乾徳山登山口バス停
  - 甲州市市民バス（山梨交通バス）
- 塩山駅
  - JR中央本線
- 新宿駅

マイカー

P 徳和駐車場

標高	約910m
台数	約30台
トイレ	有
料金	--

乾徳山は山梨県山梨市にある標高2031mの山。奥秩父山域の一角、奥千丈岳から伸びる尾根の南端に位置する、奥秩父の前衛の山だ。

かつて山梨に住んでいた臨済宗の僧侶、夢窓疎石（むそうそせき）が修行を積んでいた場所とされていて、今でもその僧が座禅したという座禅岩が存在する。その僧が開いた寺、恵林寺（えりんじ）の乾（北東）の村（徳和村）にある山ということで「乾徳山」と名付けられたという逸話が残る歴史の山でもある。

牧場として使われていた緩やかな地

穏やかな山道を歩き、スリリングな岩場を越えて、絶景が待つ山頂へ

1 扇平の先からは樹林帯に入り、山頂に近づくにつれ岩場が多くなっていく 2 クサリの掛かっていない岩場も多い。慎重に登っていきたい 3 岩場は高度感もあり足もすくんでしまいがちだが、あせらずに慎重に進もう

by takasun

形から一転して、山頂近くは剃刀岩、天狗岩と名付けられた巨岩が積み重なり、頂上へ到達するには一枚岩に掛けられたクサリ場を登るスリリングな岩山だ。北アルプスの岩稜帯やキレット（急峻な岩盤状の鞍部）などに挑戦する前に足慣らしで登る人も多い。

その山頂からの眺めは抜群で、富士山（P74）や鳳凰三山（P128）、南アルプスから丹沢、奥秩父主脈まで、360度に広がる景色を存分に味わうことができる。

だが、**山頂付近の岩場やクサリ場は滑りやすく、転倒や転落の可能性もある。過去に滑落死亡事故も発生しているので、慎重に歩きたい。**

スタート地点の乾徳山登山口からしばらくは林道を進む。林道から離れると急な坂を登る。途中、銀晶水、錦晶水という2つの水場があるので、疲れた足を休めて喉を潤そう。やがて草原のなかにある国師ヶ原十字路に到着する。ここは2つの道が交差する十字路

VOICE 6月3日：ちょっとしたアスレチックと美しい富士山も見れて楽しかったです by piccolosaki

1 岩をつかんで登ることができるところではクサリに頼り切って登ることはなるべく避けよう 2 岩場の下りでは足場が見えにくく不安になるが、一歩一歩確認しつつ進めば大丈夫だ 3 乾徳山山頂は狭く切り立っているので注意しよう 4 乾徳山登山口バス停から登山道へと通じる舗装路。駐車スペースはこの先にある

となっている。

草原状の気持のよい道を歩くと扇平に到着。この先は樹林のなかに転がる巨岩の間を縫うようにして進む。いくつかのクサリ場を越え、最後に待ち受けるのが、難関の鳳岩だ。そそり立つ10mほどの一枚岩にクサリがかけられていて、岩の割れ目を足がかりに登っていく。少しでも不安に感じたら、迂回路を進もう。ここを登りきれば大パノラマが広がる山頂に到着する。ただし、狭い空間で足下は切り立った岩壁なので、あまり岩の端に近づかないように注意したい。

帰りは、月見岩まで来た道を戻る。クサリを使っての下山は、足元が見えにくいので慎重に下りたい。扇平を通り、草原にたたずむ月見岩から道満尾根を下る。やがて樹林帯に入り、標高を落としていく。途中、舗装された道を横断し、眺めのない道満山山頂から、徳和峠を越えて、さらに下っていくと、スタート地点の登山口へと戻る。

VOICE 11月19日：電車でのアクセスもよく、鎖や岩場も楽しめる乾徳山はお徳山ですね（笑） by yuichis

▶コースNAVI

アドバイス 悪天候の場合、岩場の通過には注意し、不安を感じるようなら引き返そう。冬期の凍結などは特に慎重に。

苗場山（なえばさん）

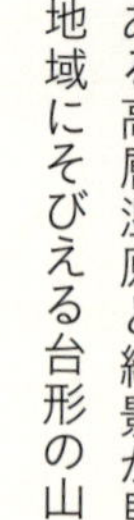

新潟県／長野県

1日目 8時間

春 6月ごろまで雪が残る
夏 急ぐように咲き誇る湿原の花々
秋 山全体を染め上げる木と草の紅葉
冬 豪雪地帯のため登山の難易度は高い

アクセス

¥ 約12,000円
時 約1時間45分

往路
東京駅
JR上越新幹線
越後湯沢駅
タクシー
和田小屋

復路
和田小屋
タクシー
越後湯沢駅
JR上越新幹線
東京駅

マイカー

P 祓川登山口駐車場

標高 約1,220m
台数 30台
トイレ 有
料金 --

苗場山は三国山脈（みくにさんみゃく）の一部、新潟県と長野県の県境にまたがる標高2145mの山。

この山の西の麓には、猟を生活の糧としていたマタギたちが住む里、小赤沢集落がある。信州秋山郷（しんしゅうあきやまごう）とも呼ばれているその近辺は、山深い立地的条件と国内屈指の豪雪地帯のため、古くから「秘境」として知られている。そんな雪深い地域ゆえに、付近は森を育む水が豊富で、苗場山の麓から中腹にかけて豊かなブナ林が広がり、頂上には雪解けの水をたたえた池塘（ちとう）があちこ

山頂部に広がる壮大な湿原に空を映す池糖が散らばる天上の楽園

by tomzy

1 山頂の大湿原に点在する池塘に写る空模様が美しい 2 登山口からしばらくはゲレンデ歩きが続く 3 秋は紅葉とともに実を付けるナナカマドも見られる

by shutan 9月 ①

ちに点在する広大な湿原が広がっている。

遠くから望むと台形に見える不思議な山容と、山頂に湿原が広がるという特異な景観ゆえ、古くから麓の村人たちの信仰を集めており、頂上には祠や石柱などが今もなお残っている。また、江戸時代後期に雪国に住む人々の生活を調べて記した名著『北越雪譜（ほくえつせっぷ）』の作者である鈴木牧之（すずきぼくし）も、当時この山に登頂している。現在では、苗場山一帯はスキーの名所として名が知られ、シーズン中は数多くのスキーヤーを集めている。

スタートは、かぐらスキー場内にある祓川（はらいがわ）登山口駐車場。ここから車道を歩いていくと和田小屋に到着する。その先から、本格的な登山道が始まる。立ち並ぶブナの間に付けられた登山道を登っていくと、下ノ芝、中ノ芝、上ノ芝と名付けられた湿地帯を通過する。それぞれ、木道やベンチが整備されているので、休憩にちょうどよ

VOICE 7月8日：キレイなお花と池塘がとても印象的な山でした by yoven

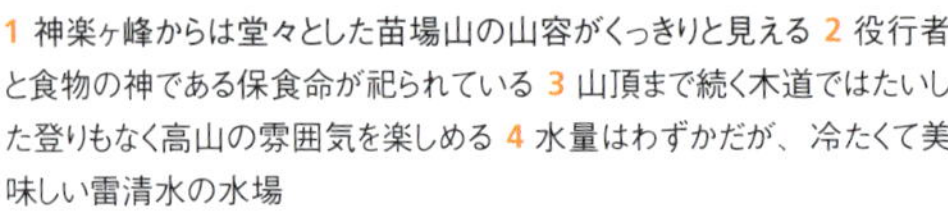
1 神楽ヶ峰からは堂々とした苗場山の山容がくっきりと見える 2 役行者と食物の神である保食命が祀られている 3 山頂まで続く木道ではたいした登りもなく高山の雰囲気を楽しめる 4 水量はわずかだが、冷たくて美味しい雷清水の水場

い。上ノ芝付近からは木々も低くなり、やがて笹が広がる眺めのよい尾根になる。登りきると、標高２０３０mの神楽ヶ峰の山頂に到着する。ここから少し高度を下げ、頂上に向けて登り返す。**頂上直下は急登で、途中ロープのかかる岩場もあるので慎重に進もう。**その難所を越えると視界が開け、見渡す限りの湿原が目前に広がる。

植物保護のために設置された木道を歩けば、やがて道標と三角点のある山頂に到着する。見渡せば、空を映す池塘が点在する湿原が広がり、その向こうには、どっしりとした山容の佐武流山をはじめとした上信越の山々を見渡すことができるだろう。足元の湿原では、春は雪解けと共に咲き始める花々、夏はそよぐ青草、そして秋は「草紅葉」と、四季を通して美しい姿を見ることができる。

頂上の近くにある苗場山自然体験交流センターで充分休憩をしたら、来た道を戻り、下山を開始しよう。

VOICE 9月25日：山頂の湿原の草もみじがとても綺麗でした by yasuyasubon3

アドバイス バスはなくタクシーを利用するのがおすすめ。和田小屋までアプローチできる。

蓼(たて)科(しな)山(やま)

体力レベル ★★☆☆☆
技術レベル ★★☆☆☆

麓の人々に古くから愛された優雅な姿が特徴的な「諏訪富士」

長野県
1日目 7時間45分

春 5月ごろまでは雪が残る
夏 広い山頂を渡る涼しい夏風
秋 ススキを染める柔らかい日差し
冬 雪山初心者に最適

7月 ①

アクセス

¥ 7,280円
時 3時間40分

往路
- 新宿駅
- JR中央本線
- 茅野駅
- アルピコ交通バス
- 蓼科山登山口バス停

復路
- 竜源橋バス停
- アルピコ交通バス
- 茅野駅
- JR中央本線
- 新宿駅

マイカー

P 蓼科山登山口駐車場

標高 約1,780m
台数 約50台
トイレ 有
料金 --

登山口と下山口は違うが登山口に停めて帰りは徒歩かバスで移動しクルマをピックアップすることが可能

蓼科山は八ヶ岳連峰の北端に立つ標高2531mの山。麓から見てもすぐにわかる、その綺麗な円錐形の山容から「諏訪富士」とも呼ばれ、古くから地元の人々に親しまれてきた山だ。

火山活動で生まれた山で、火口跡のクレーターを思わせる広い山頂には、あたり一面にごろごろと岩が転がり、ほかの山ではなかなか見ることのできない不思議な光景をみせてくれる。また、蓼科神社が祭られている山頂からの眺望は素晴らしく、晴れた日には、

岩の転がる広大な山頂で 360度の大パノラマを味わう

1 蓼科山登山口を出発すると、しばらくは視界の開けた気持ちのよい笹原を歩いていく 2 麓から見る蓼科山山頂付近 3 針葉樹の森を縫う苔むした岩の道を山頂に向かって進み、高度を上げていく

遮るもののない360度の大パノラマが広がる。眼下にある美ヶ原や霧ヶ峰、白樺湖の水面、連なる八ヶ岳の峰々、さらには遠く北アルプス、中央アルプス、南アルプスと、見飽きない景色が広がる。

山腹は、カラマツ、モミ、コメツガなどの針葉樹と、ミズナラはじめとした広葉樹が織りなす豊かな森林が広がっている。その森林は、春の芽吹きから夏の濃い緑、燃えるような紅葉、冬枯れの美しい枝振りまで、季節を問わず、登山者の目を楽しませてくれることだろう。

美しい山の姿、程よいコースタイム、そして山頂からの絶景。そんな要素が、作家である深田久弥の心に響いたのか、蓼科山は、彼が記した『日本百名山』で東信州にある名山のひとつとして選出されている。

スタートはビーナスラインにある蓼科山登山口。しばらくはササやススキの広がる平坦な道を行くが、徐々

VOICE 7月14日：大河原峠経由で戻ると、きれいな笹原を見れるし、下りがとても穏やかになります by ikerina

1 岩の転がる広々とした山頂に立つ蓼科神社の祠と鳥居 2 山頂付近からの朝の風景。幻想的な雲海を見ることができる日もある 3 山頂から下る途中の将軍平にある山小屋、蓼科山荘 4 車道が通る大河原峠には売店もあり、休憩にはちょうどよいポイント

に斜度がきつくなってくる。針葉樹林帯の美しい斜面を登っていくと、2113m地点に到着する。ここは平坦で景色も望める場所となっていて、休憩にちょうどいい。南八ヶ岳方面の展望もある。石が転がる登山道は徐々に斜度を増し、やがて急な登りとなる。斜面や岩にかけられたロープやクサリが出て来たら、もう一踏ん張りで頂上だ。

蓼科山頂ヒュッテの立つ緩やかな山頂には一面岩が転がっているので、足元に注意して歩こう。ここからの眺めを楽しみ、蓼科神社にお参りをしたら、下山を開始する。

急斜面を、気を付けながら降りると蓼科山荘がある将軍平（しょうぐんだいら）にたどり着く。双子山に通じる道を、一気に大河原峠へと下る。車道が通る峠から離れ、谷沿いに下ると天祥寺原（てんしょうじはら）と名付けられた平地に着く。さらに下っていくとゴールである、ビーナスラインに掛けられた竜源橋（りゅうげんばし）に到着する。

VOICE 9月25日：山頂の岩塊地帯は平地状で確かに独特の雰囲気の場所だった by ksu82

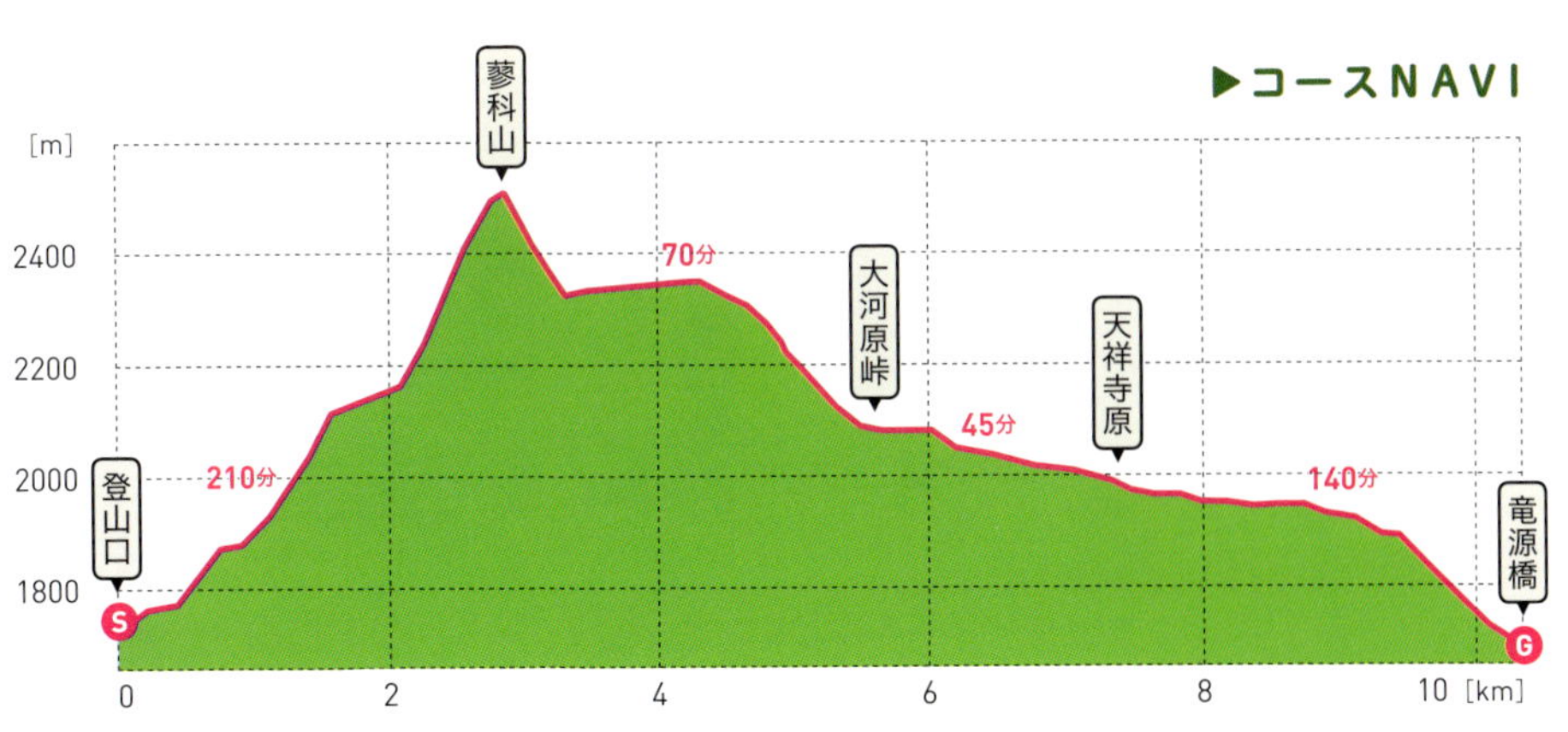

アドバイス 雪山経験者であれば、スノーシューやアイゼンなどを装備して、スノートレッキングも楽しめる。

COLUMN 2

名物ごはんのある山小屋

登山の楽しみのひとつである、山小屋ごはん。疲れた体に染みる温かいごはんから、山にいることを忘れそうなおしゃれデザートまで、名物のある人気山小屋を紹介します。

PICK UP 山小屋

鍋割山荘の鍋焼きうどん

標高1272mの山頂で絶景を眺めながら食べられる鍋焼きうどん(1,000円)は、天ぷらにキノコ、油揚げ、野菜にとろりとした半熟卵と具沢山で大満足な一品。ひとつひとつ熱々の小鍋で提供され、休日となれば長蛇の列ができるほどの人気。食材は店主が山を登って運んでおり、その苦労を思えば美味しさも倍増。

しらびそ小屋のチーズケーキセット

みどり池のほとりに佇むしらびそ小屋では、優雅なチーズケーキセット(700円)が食べられる。濃厚なレアチーズケーキに甘いジャムとクラッカーがトッピングされている。オリジナルカップに注がれたコーヒーでほっとひと息つきつつ、タイミングがよければリスや野鳥を見ることもできる。

横手山頂ヒュッテのきのこスープ

標高2307mに位置する横手山頂ヒュッテでは、ロシア料理を中心としたメニューを提供。なかでも具沢山のクリームシチューを塩味が効いたパンで閉じ込めたきのこスープ（1,000円）が大人気。日本一高い場所のパン屋さんとして、厳選した小麦粉とドイツ製の窯で焼き上げたパンは、キメが細かくふっくらとした食感が魅力。

氷壁の宿 徳澤園（みちくさ食堂）の野沢菜チャーハン

北アルプスの山々にアタックできる位置にある徳澤園。おしゃれな佇まいの食堂は、ビアホールのような内装でゆったりと食事を楽しむことができる。ここで一番人気の野沢菜チャーハン（900円）は、10～14時までの限定販売。名産の野沢菜を使用した、食欲をそそる香りがたまらない。

PART

山小屋泊で楽しむ 1泊2日の 登山ルート10

ここからは1泊2日で楽しむルートを紹介します。

日帰りハイクに比べ装備は増えますが、山から望む夕焼け、星空、ご来光は珠玉の景色。

山小屋で美味しいごはんをいただきながら、贅沢な時間を楽しみましょう。

体力レベル ★★★☆☆
技術レベル ★★☆☆☆

富士山(ふじさん)

優美な姿と荒々しい火口を持つ
標高3776mの日本で一番高い場所

静岡県/山梨県

1日目 2時間45分 2日目 8時間25分

春 開山までは入山は控えたい
夏 ハイシーズンの休日は大混雑
秋 小屋閉鎖のため日帰り登山となる
冬 冬の登山は原則禁止

アクセス

¥ 3,880円
時 約3時間30分

往路
新宿駅
JR中央本線
大月駅
富士急行線
富士山駅
富士急バス
富士スバルライン五合目バス停

復路
富士スバルライン五合目バス停
富士急バス
富士山駅
富士急行線
大月駅
JR中央本線
新宿駅

マイカー

P 富士北麓駐車場

標高 約872m
台数 約1,400台
トイレ 有
料金 1,000円

7月初旬から9月初旬にかけて富士スバルラインでマイカー規制があるため、ここで駐車しシャトルバスなどに乗り換えて登山口に移動。

8月 ①

富士山は、静岡県と山梨県の間にまたがってそびえる標高3776mの、日本で一番高い山。また、山頂には浅間神社の奥宮が祭られており、古くから修験者によって登られている霊山でもある。

1936年に富士箱根伊豆国立公園に指定され、2013年には、「富士山 信仰の対象と芸術の源泉」という名で、ユネスコ世界文化遺産に登録された。それをきっかけに再び多くの人が訪れるようになり、近年では海外からの旅行者も多数見られる。

ひたすら続く斜面の先に待つ山頂で美しいご来光と絶世の眺めを堪能

1 7合目付近。登る先にはたくさんの山小屋が並んでいる 2 車でも来られる五合目レストハウス前には多くの人で賑わう 3 ご来光に向かうための渋滞。ヘッドライトの数だけ人が並ぶ

多くの人が訪れるため「観光地」と思われがちだが、標高3000mを越える立派な高山。麓にくらべると気温は15℃以上低いことが多く、風が吹けば体感温度はさらに低くなる。悪天候時は夏でもみぞれが降ることもあるので「北アルプスよりも高い場所」という認識を常に持ち、しっかりとした準備と心構えを持って登りたい。

スタートは富士スバルラインの終点、吉田口の5合目。ここですでに約2300mの標高がある。晴れていれば山頂が見えてすぐ登れるように感じるが、ここから頂上まで標高差1400m以上あるので油断はできない。この道は歩く人も多く、道標もしっかりと整備され、山小屋も道沿いに10軒以上あるので安心だが、登山道は噴石が折り重なり、その石が砕けてできた細かい砂利の道なので、やや歩きにくい。樹林帯を抜け、しばらく行くと6合目の富士山安全指導センターに着く。ここからは、遮るものが何も

VOICE 8月4日：ご来光はとても感動的で，一生に一度くらいは見ておく価値があると思います by satoshi80

1 山頂の鳥居口には狛犬も鎮座。じっくりこの先の山頂を堪能しよう 2 山頂に着いたら目指すは剣ヶ峰。思いのほか登ることになる 3 剣ヶ峰の下からは火口がよく見える 4 剣ヶ峰から馬の背の下り。急だが手すりがあるので安心

無いので、晴天時は帽子や日焼け止めなどの対策も必要だ。7合目を越えると宿泊地の東洋館に到着する。2日目に備えて早めに休みをとろう。

翌日は、日の出の3時間前には出発。日の出前で気温が低いので防寒対策のウェアは必須だ。ヘッドライトを付けて登っていく。シーズン中は山頂に向けて行列になっていることが多い。自分のペースで歩けず、立って待つこともある。8合目を越えると、人によっては、その高度から息苦しく感じることもある。水分や栄養補給をしてゆっくり歩きたい。御来光館を過ぎ、9合目の鳥居をくぐれば、浅間大社奥宮の建つ吉田側の山頂に到着する。ご来光を拝んだ後は、最高点の剣ヶ峰へ向かう。体力と時間に余裕があれば山頂を廻る「お鉢巡り」を楽しもう。

帰りは登り道とは別に付けられた下山専用路を下る。砂がつづくザレた道なので、足元に注意して下りたい。

VOICE 8月27日：外国の方が本当に多く、びっくりしました by 36san

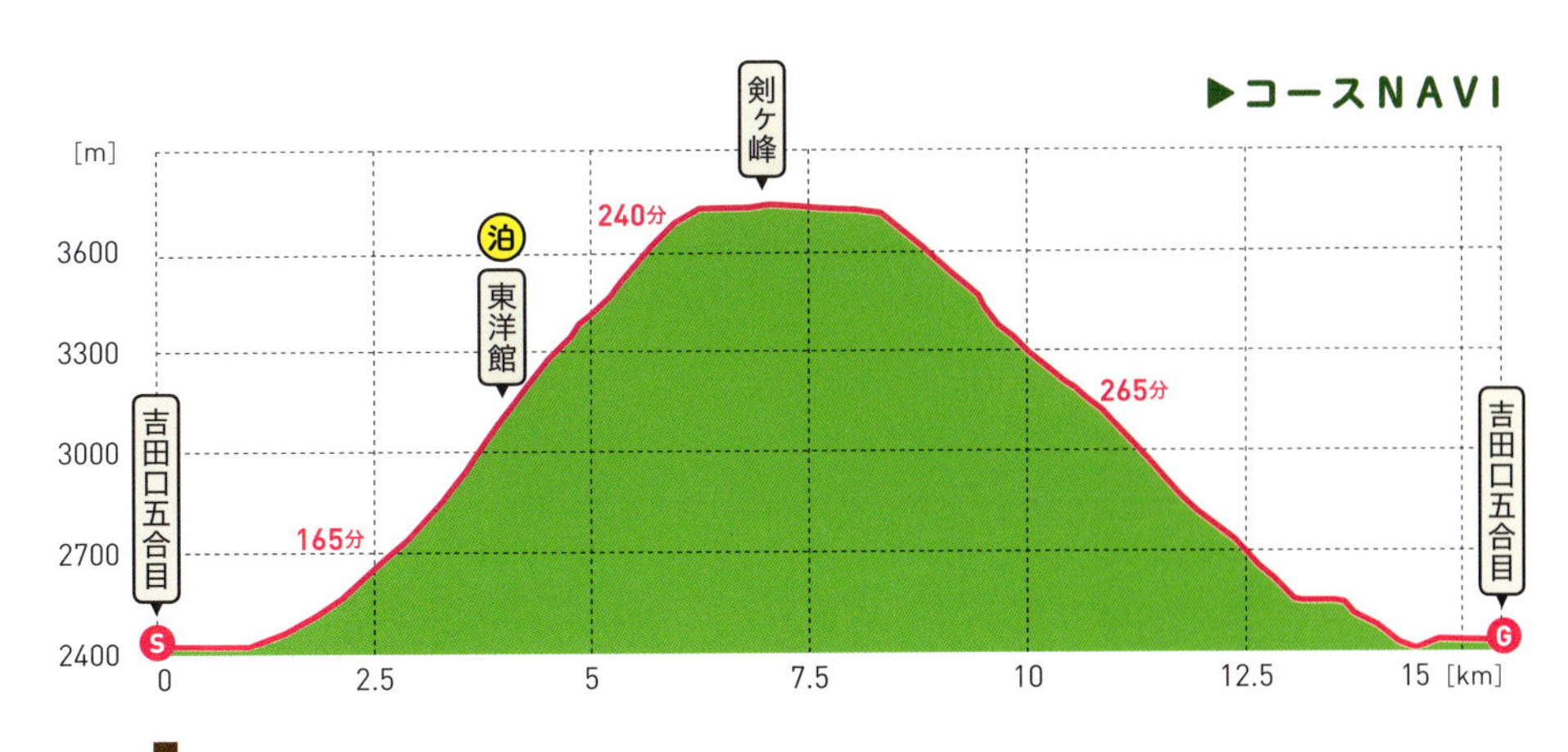

アドバイス 登山道開通期間は年によって変動するので事前に確認を。例年は7月1日から9月 10 日まで。

体力レベル ★★★☆☆
技術レベル ★★☆☆☆

雲取山（くもとりやま）

都内で唯一の2000mの高さを持つ
山頂から駅まで歩くロングコース

東京都／埼玉県／山梨県
1日目 6時間50分 2日目 7時間45分

春 4月まで雪が残ることも
夏 山頂北側の針葉樹林の涼しさ
秋 中腹を彩る広葉樹林の紅葉
冬 年により積雪もあるのでアイゼンなどが必要に

雲取山は東京都、山梨県、埼玉県の1都2県にまたがって立つ標高2017mの山。埼玉県側にある妙法ヶ岳（みょうほうがたけ）、白岩山（しらいわやま）と合わせて「三峰山（みつみねやま）」と呼ばれることもある。山梨県の瑞牆山（みずがきやま）から続く奥秩父主脈の西端に位置し、ここを起点もしくは終点として山脈を縦走する登山者も多い。東京都の最高峰でアプローチもしやすく、様々なルートがあるので首都圏はもとより全国から多くのハイカーが集まる人気の山だ。

登山者のレベルに合わせてコースを

アクセス

¥ 1,840円
時 約2時間45分

往路
新宿駅
JR青梅線
奥多摩駅
西東京バス
お祭りバス停

復路
奥多摩駅
JR青梅線
新宿駅

マイカー

後山林道の途中にゲートがあり、関係者以外は進入禁止。お祭りバス停付近にも駐車場はなく、スタートとゴールも離れているので、公共交通機関でアプローチするのがおすすめ。

東京とは思えない深い森の中を進み 視界開けた尾根をゆったりと下る

1 広く開けた気持ちのよい石尾根を下る 2 七ツ石山近くにある、七ツ石小屋。トイレと水場もあるので休憩ポイントに最適 3 朝夕の静かな時間に歩いていると、ニホンシカの姿を見かけることもある

by is_pinarello

選ぶことができ、その途中に山小屋や避難小屋が点在。日帰り登山だと歩行時間が長くなってしまい、やや上級者向けのコースとなってしまうが、山小屋を利用すれば比較的ゆっくりと歩くことができる。「高尾山や箱根などのハイキング的登山ではものたりなくなった人が次にめざすのに格好の山」と深田久弥(ふかだきゅうや)が著書『日本百名山』で語るように、次のステップに進もうとしている人にとっては、うってつけの山だろう。

奥多摩駅からバスに乗ってお祭りバス停に移動する。ここから約8㎞、なだらかな後山林道を歩く。林道終点からは、いよいよ登山道になる。しばらく斜面を登れば、沢沿いにある三条の湯に到着する。加温こそされているが、山中でも天然温泉を楽しめるとあって、この山小屋のファンは多い。ここから沢を離れて、水無尾根に付けられた道をトラバース気味に進み、やがて三条ダルミと呼ばれる稜線上に到

VOICE 4月29日：人気の山荘は大勢の登山客で賑わってます by stealhead

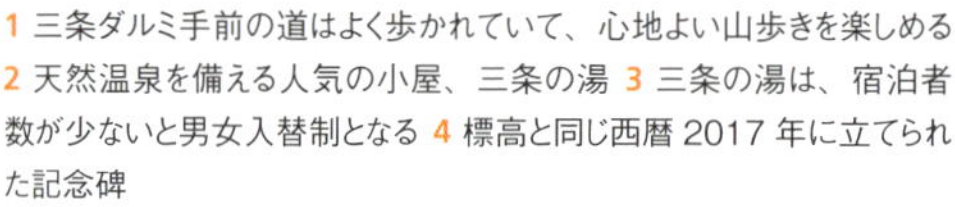
1 三条ダルミ手前の道はよく歩かれていて、心地よい山歩きを楽しめる 2 天然温泉を備える人気の小屋、三条の湯 3 三条の湯は、宿泊者数が少ないと男女入替制となる 4 標高と同じ西暦2017年に立てられた記念碑

着する。避難小屋を通過し、北に進めば、パノラマが広がる山頂に到着する。

ここからの眺めは素晴らしく、大きくそびえる富士山を筆頭に、丹沢や奥秩父、奥多摩の峰々、遠くには南アルプスの姿も見ることができる。展望を存分に楽しんだら、宿泊地となる雲取山荘を目指そう。うっそうとした森の中に付けられた道を下れば、やがて深い針葉樹林の中にたたずむ雲取山荘に到着する。

翌日は山頂を巻く道を進み、石尾根方面へ向かう。防火帯と呼ばれる、山火事を防ぐために木々を切り開いた空間に付けられた、展望のよい尾根道を進む。七ツ石山山頂から進路を東に取り、**奥多摩駅まで細かなアップダウンを交えながら尾根上の道を進む。距離も標高差もかなりあるので慎重に下りたい。**最後は、鋸山（のこぎりやま）の急な石段を下り、舗装路に出て橋を渡れば、ゴールとなる奥多摩駅はすぐそこだ。

VOICE 10月27日：山頂からは、富士山をはじめ、北岳、間ノ岳のBig3が一望できましたよー！ by Melt

アドバイス 2日目の石尾根の下りはロングコース。天候や体調次第では、途中で奥多摩湖方面に下山することも考えよう。

体力レベル ★★★☆☆
技術レベル ★★★★☆

白馬岳（しろうまだけ）

日本最大級の雪渓を抱える
北アルプス・後立山の最高峰

長野県／富山県

1日目 5時間50分 2日目 5時間25分

春 深い雪に閉ざされる
夏 雪渓を渡る涼しい風と青い空
秋 紅葉と雪渓のコントラスト
冬 雪崩が多く経験者も入れない

7月 ①

アクセス

¥ 約8,000円
時 約7時間

往路

- 新宿駅
- 夜行バス
- 白馬駅
- アルピコ交通バス
- 猿倉バス停

復路

- 自然園駅
- 栂池パノラマウェイ
- 栂池高原駅
- 小谷村村営バス（アルピコ交通バス）
- 南小谷駅
- JR中央本線
- 新宿駅

電車でのアプローチも可能だが、始発に乗車しても登山口到着は昼過ぎとなってしまう。復路では、特急を利用すれば高速バス利用よりも時間短縮となる。

マイカー

P 猿倉駐車場

標高	1230m
台数	約70台
トイレ	有
料金	--

1 白馬大池近くの白馬乗鞍岳に立つ大きなケルン 2 白馬大池付近は緩やかで雄大な景色が広がる 3 白馬大池と、湖畔に立つ白馬大池山荘を望む。青い水面と木々の緑、赤い屋根のコントラストが美しい

夏なお残る雄大な雪渓を登り咲き乱れる高山植物を楽しむ

白馬岳は富山県と長野県にまたがってそびえる標高2932mの山。北アルプス、後立山連峰の最高峰でもあるこの山の東斜面には、谷沿いの残雪帯「白馬大雪渓」があり、真夏でも白く涼しげな雪肌を見せてくれる。また、雪渓の上部には豊富な雪どけ水によってできた高山植物の大群落がある。その中には「シロウマ」と名前がつく固有種も多く、その種類の多さと群落の規模の大きさから「白馬連山高山植物帯」の名で国の特別天然記念物に指定され、「花の百名山」にも選ばれている。

ここで紹介するのは大雪渓を登り、白馬山荘で一泊し、栂池に下るコースだ。しっかりと整備されていて安心して歩くことができるが、2000mを越える北アルプスの中であることには変わりはない。10月に雪が降ることもあり、遭難事故も発生している山域なので、注意して歩きたい。

猿倉の駐車場をスタートし、ブナやトチなどの立派な樹木の姿を見ながら林道を進むと、御殿場と呼ばれる林道の終点から登山道になる。白馬尻にある小屋に到着したら、ここから白馬大雪渓が始まる。途中にある大雪渓ケルンの先は斜度もあり、軽アイゼンなどの装備が必要になる。また、落石や雪面に口を開ける切れ目（クレバス）もあるので、気を引き締めて登っていこう。葱平へと続く小尾根に取り付く。やや荒れた急な登りだが、高山植物が咲き乱れ美しい。やがて道は更に斜度を増し、稜線へと近づいていく。途中、

3

VOICE 8月18日：美しいお花畑や豊富な高山植物に感動しました by NACIZUMI

1 真夏でもとけることのない、涼しげな白馬大雪渓の眺めはこの山行のハイライトのひとつ 2 大雪渓を登りきった先にある白馬頂上宿舎 3 白馬岳付近ではライチョウの愛らしい姿を見かけることも 4 花畑を埋め尽くすチングルマの可憐な白い花

村営の白馬岳頂上宿舎を経由して、稜線上に立つ白馬山荘に到着する。

翌日、山頂に向けて出発。緩やかに付けられた稜線の道を15分ほど歩けば山頂に到着する。北アルプスはもちろん、浅間山、妙高山、雨飾山、そして富士山（P74）も望む大パノラマを楽しむことができる。ただし、**東斜面は切れ落ちた崖になっているので注意しよう**。

山頂からの景色を楽しんだら、下山を開始する。岩が重なる馬ノ背の尾根を注意して三国境へ下り、そこから小蓮華山へ登り返す。この山頂からの、白馬岳が迫る景色はすばらしい。ここからは緩やかな尾根が続く。船越ノ頭を越えて雷鳥坂を下れば、白馬大池に到着する。岩の急斜面がある白馬乗鞍岳を越えて到着する湿原、天狗原は、秋には素晴らしい草紅葉を見せてくれる。ここからゴールまではもう少しだ。斜面を下ると、美しい高層湿原が広がる栂池に到着する。

VOICE 9月9日：白馬大雪渓の景色は何度登っても美しいの一言につきます by Yamaotoko7

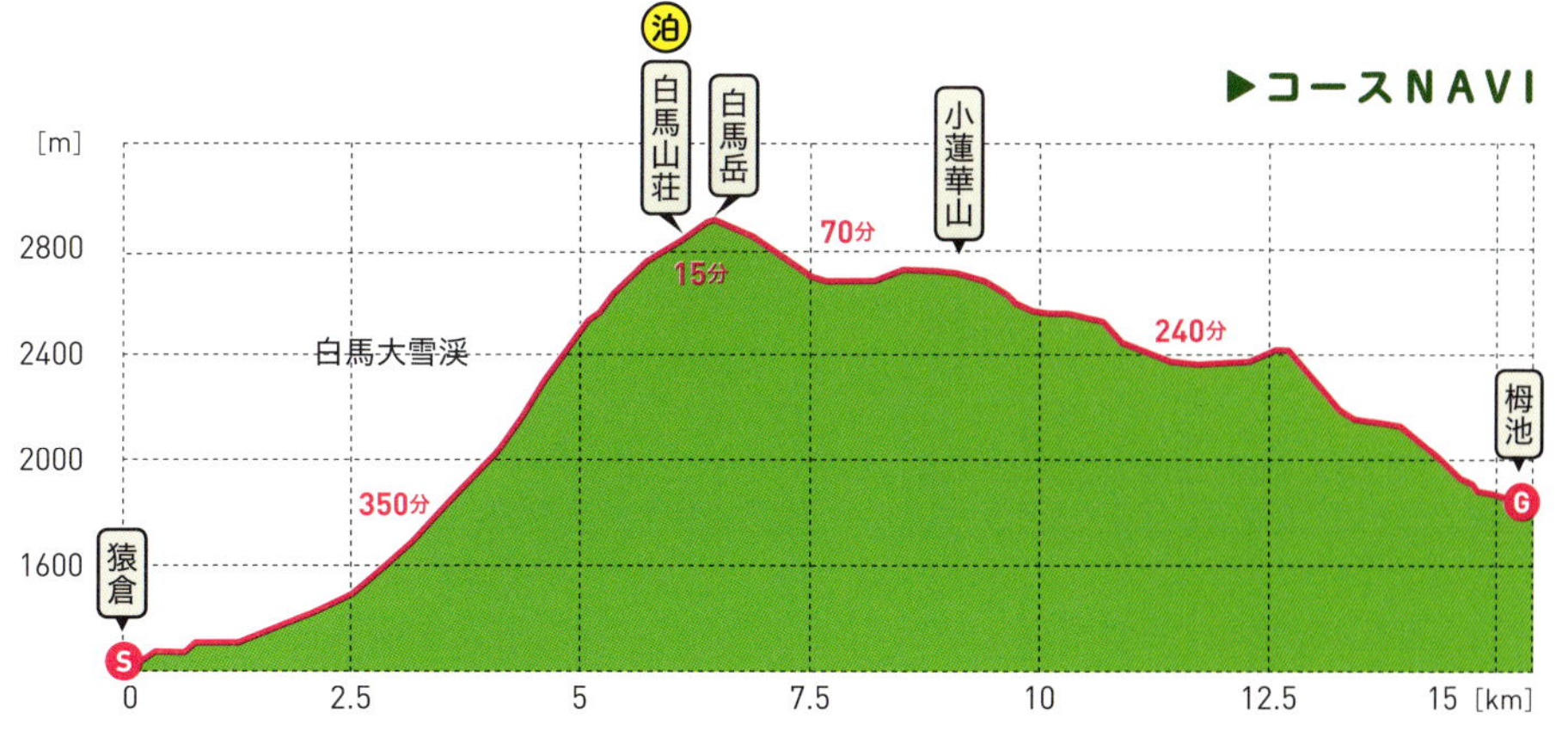

アドバイス 雪渓では数多くの事故が発生している。落石やスリップの危険をつねに意識し、注意して通過しよう。

体力レベル ★★★★☆
技術レベル ★★☆☆☆

燕岳（つばくろだけ）

高山植物が咲き乱れる
美しき「北アルプスの女王」

📍長野県

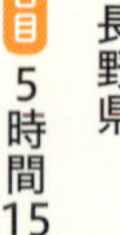
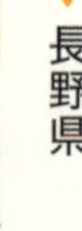
1日目 5時間15分

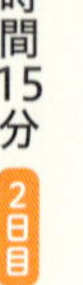
2日目 2時間50分

アクセス

¥ 5,400円
時 約6時間40分

往路
- 新宿駅
  夜行バス
- 安曇野穂高バス停
  徒歩
- 穂高駅バス停
  中房線乗合バス
- 中房温泉バス停

復路
- 中房温泉バス停
  中房線乗合バス
- 安曇野穂高バス停
  徒歩
- 穂高駅バス停
  高速バス
- 新宿駅

初日のコースタイムを考えると前夜発の夜行バスを利用するか、松本や安曇野に前泊するのがおすすめ。シーズン中は中房温泉行き直通バスも運行。

マイカー

P 中房温泉登山口駐車場

標高	約1,450m	トイレ	有
台数	約120台	料金	--

混雑で駐車できない場合、麓の宮城交差点近くにある無料の駐車場に駐車し、バスでアプローチするのが確実。

春 4月までたくさんの雪が残る
夏 コマクサなどの高山植物
秋 秋の花々と燃える紅葉
冬 10月後半から雪が舞い始める

9月 ①

北アルプスの南部に走る表銀座縦走路。３０００ｍを越える山々をつなぎ、槍ヶ岳へと通じるルートの入口にそびえるのが、標高２７６３ｍの燕岳だ。

稜線上は一面、白い砂と緑のハイマツが美しいコントラストを見せる。そのところどころに巨大な花崗岩が立ち並ぶ景色は、さながら「天上の日本庭園」。そこに彩りを添えるのが、７月中旬から８月にかけて咲きほこるコマクサの群落だ。花びらが馬の頭に似ているところから名付けられた淡いピンク

北アルプス三大急登を一気に登り 白と緑が織りなす天上の日本庭園へ

1 稜線上に建つ燕山荘から、テントサイトと燕岳を望む 2 登山口となる中房温泉。ここからすぐに急登が始まる 3 合戦尾根に付けられた木の階段ではスリップに注意

色の花が白い砂地のあちこちに咲く姿は、一見の価値がある。ほかにも、ミヤマキンバイやイワウメ、タカネナデシコからトリカブトまで、四季を通じて高山植物が咲き誇る。その穏やかな山容もあいまって、「北アルプスの女王」と呼ばれている美しい山だ。

しかし、**麓にある中房温泉から稜線に通じる合戦尾根の登りは、北アルプスの三大急登のひとつに数えられているほどの急な道のりだ。**1200m近くある標高差を一気に登ることになるが、道はよく整備されていて歩きやすい。第一ベンチ、第二ベンチと名付けられた休憩ポイントが要所要所にあり、途中には営業している休憩所、合戦小屋があるので休憩をとりながら自分のペースでゆっくりと歩くことができる。

宿泊する山小屋、燕山荘は1921年に建てられた由緒ある建物。本館はその当時のおもかげが随所に残り、山小屋にゆかりがあった版画家、畦地梅

VOICE 8月13日：燕山荘周辺は、沢山の高山植物が見頃でした by choco-t

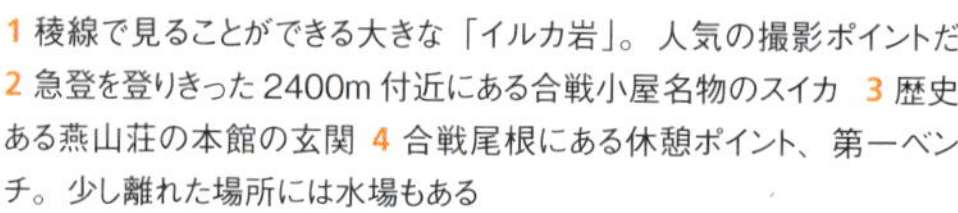

1 稜線で見ることができる大きな「イルカ岩」。人気の撮影ポイントだ　2 急登を登りきった2400m付近にある合戦小屋名物のスイカ　3 歴史ある燕山荘の本館の玄関　4 合戦尾根にある休憩ポイント、第一ベンチ。少し離れた場所には水場もある

太郎（たろう）の作品があちこちに飾られている。その絵をモチーフにした手ぬぐいなどはお土産に人気の品となっている。

スタート地点となる中房温泉からは、北アルプス三大急登の一つ合戦尾根がいきなり始まる。焦らず、自分のペースを作ってゆっくりと歩きたい。第一ベンチと呼ばれる休憩ポイントの近くには湧水があり、水の補給も可能。展望のない樹林の道を、第二ベンチ、第三ベンチと登っていくと、合戦小屋に到着する。小屋では軽食や飲み物、そして夏には冷やしたスイカが売られ、トイレもあるので休憩に最適だ。しばらく登ると景色が徐々に開けてきて、稜線に立つ燕山荘が見えてくる。低くなってきた木々の合間につけられた道を登っていけば、目の前が開け稜線の上に出る。そこから燕山荘までもうひと頑張り。燕山荘から燕岳の山頂へは、往復1時間ほどだ。

帰りは同じ道を下るが、急な斜面で転倒などしないように注意しよう。

VOICE　9月26日：北アルプス三大急登ということですが、大変良く整備されて登りやすいです　by kozakura2702

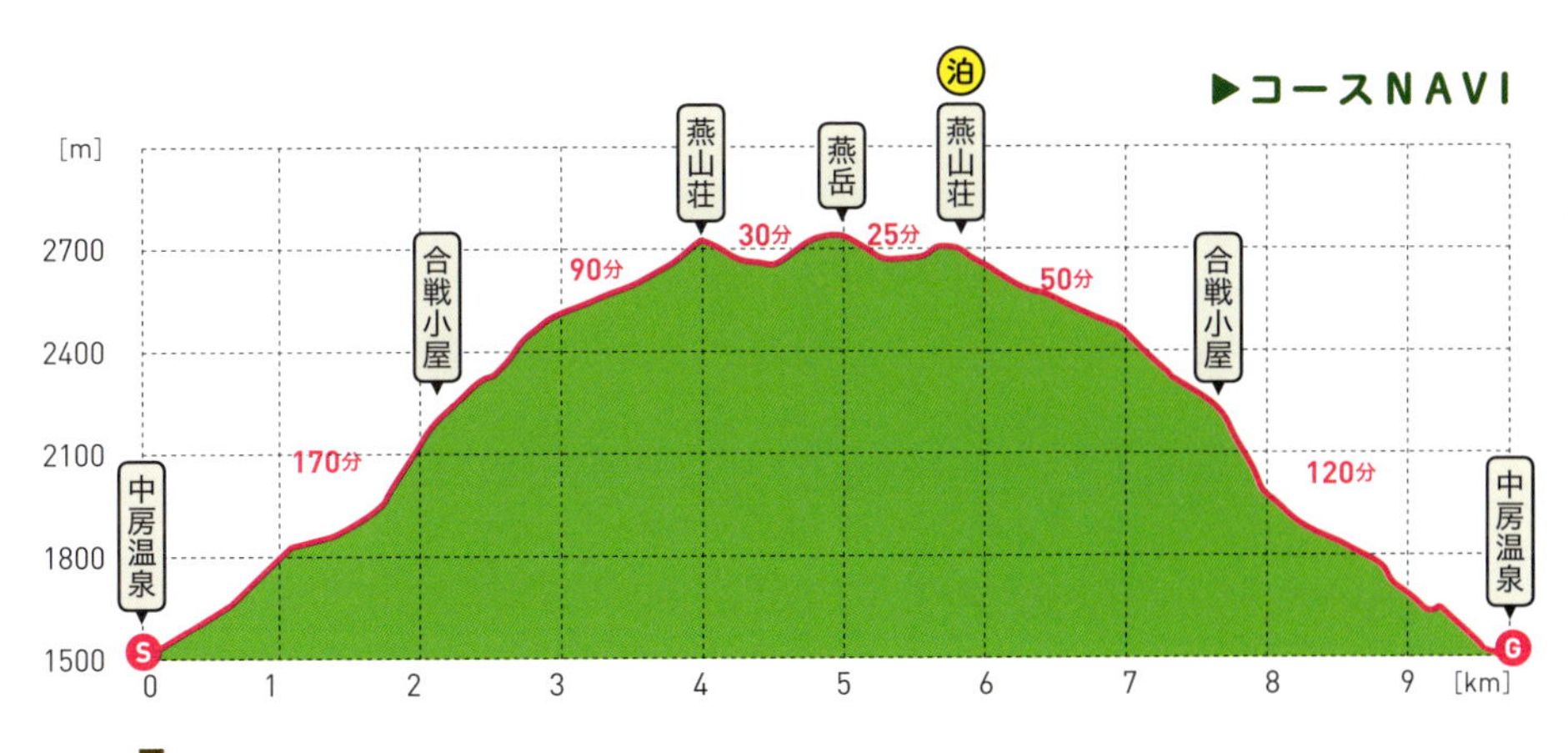

アドバイス　稜線上は風を遮る物がなく強風が吹くことも。体感温度も下がるので真夏でも防寒対策は忘れずに。

体力レベル ★★★☆☆
技術レベル ★★☆☆☆

唐松岳（からまつだけ）

リフトを使って一気に1800mの高さへ
アプローチ抜群の北アルプスの秀峰

長野県／富山県
1日目 4時間35分 2日目 3時間

春 6月初旬までは雪が残るので注意
夏 珍しい高山植物を楽しむ
秋 後立山連峰を一望する稜線歩き
冬 積雪期は雪山上級者のみ入山可能

唐松岳は北アルプス、後立山（うしろたてやま）連峰に連なる標高2696mの山。長野県と富山県の県境に位置し、山頂から東側の麓まで長大な八方尾根が伸びている。その八方尾根からのアプローチは、尾根に掛けられた八方アルペンラインを利用。一気に1800m近くまで高度を稼ぐことができ、あとは眺めのよい尾根の道を高低差900mほど登れば山頂に到達できるため、数多くの登山者に利用されている人気のコース。

尾根に付けられた登山道はよく整備

アクセス

¥ 10,030円
時 約4時間

往路
- 新宿駅
- JR大糸線
- 松本駅
- JR中央本線
- 白馬駅
- アルピコ交通バス
- 白馬八方バスターミナル
- 八方アルペンライン
- 八方池山荘駅

復路
- 八方池山荘駅
- 八方アルペンライン
- 白馬八方バスターミナル
- アルピコ交通バス
- 白馬駅
- JR大糸線
- 松本駅
- JR中央本線
- 新宿駅

マイカー

P 八方ゴンドラ駅有料駐車場

標高 約760m
台数 約155台
トイレ 有
料金 600円

眺めよい雄大な尾根をたどって北アルプスの峰々を望む頂上へ

1 八方池までは登山客のみならず観光客でも賑わう 2 夏でも残る扇雪渓 3 ライチョウの雛にも高確率で出会える!

され、道しるべになる大きなケルンや道標も随所にあり、ルートを間違える可能性は少ない。途中にある八方池は、天気のよい日にはその湖面に白馬の山々を映す格好の撮影ポイント。森林限界を越えればハイマツの中を道が走り、足元のあちらこちらに高山植物の花が見られる。そして山頂に到着すれば左右に立つ迫力の峰々を望むことができるという、まさに北アルプス稜線歩きのポイントがぎゅっと凝縮された好ルートとなっている。

リフトを降りると八方池山荘に到着し、歩き始める。ここから八方池までは遊歩道として整備された木道を進む。観光客も多いので混雑することもあるが、パノラマを楽しみつつ八方ケルンまで進むと道は少し下り、八方池に到着する。

休憩がてら湖畔での景色を楽しんだら、再び歩き始める。標高２４２０ｍの丸山までは、季節によって雪渓をいくつか越えていくことになるが、登山

VOICE 8月13日：ご来光を眺めるなら山荘上の展望台がお薦めです by hanarou110

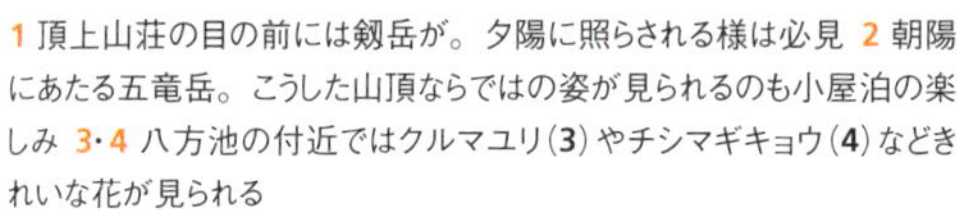
1 頂上山荘の目の前には剱岳が。夕陽に照らされる様は必見 2 朝陽にあたる五竜岳。こうした山頂ならではの姿が見られるのも小屋泊の楽しみ 3・4 八方池の付近ではクルマユリ(3)やチシマギキョウ(4)などきれいな花が見られる

道はよく整備されているので安心だ。不安なら、あらかじめ軽アイゼンを用意していこう。

丸山では、すでに森林限界を越えていて、あたりは背の低いハイマツと岩の世界が広がる。遮るもののない広々とした景色を楽しみつつ、さらに上をめざす。残雪が残る箇所もあるが、その横には高山植物の花畑が広がっていることが多いので、その可憐な花々を楽しみたい。

やがて北アルプスの主稜線に突き上げ、宿泊地となる唐松岳頂上山荘に到着する。眼前に望む剱岳に圧倒される。ここから30分ほど歩けば、2696mの山頂だ。南には五竜岳、北には荒々しい岩稜帯「不帰ノ嶮」。その後方には白馬鑓ヶ岳や白馬岳(P82)、そして東を見れば、歩いて来た八方尾根などを一望にできる大パノラマが広がる。

翌日は、来た道を八方池山荘まで下山する。

VOICE 10月8日：右を見ても左を見ても絶景！というサイコーの山歩きでした by Casei

アドバイス ひとたび天候が崩れると夏でもかなり冷え込む。しっかりと装備を整えて登りたい。

安達太良山（あだたらやま）

古くから「乳房山」と呼ばれ
親しまれた温泉の沸く火山

福島県

1日目 2時間10分
2日目 4時間25分

春 5月まで雪が残るので注意

夏 涼しげな沢沿いにかかる滝

秋 樹林帯に広がる紅葉の錦

冬 雪山道具を持つ経験者のみの入山

アクセス

¥ 8,930円
時 約2時間40分

往路
- 東京駅
- JR東北新幹線
- 郡山駅
- JR東北本線
- 二本松駅
- 福島交通バス
- 塩沢温泉バス停

復路
- 塩沢温泉バス停
- 福島交通バス
- 二本松駅
- JR東北本線
- 郡山駅
- JR東北新幹線
- 東京駅

マイカー

P 塩沢温泉駐車スペース

標高 約770m
台数 約200台
トイレ 有
料金 --

安達太良山は福島県にある標高1699mの山。今なお活動を続ける火山でもあり、麓には温泉地が各所に点在している。また、中腹に建つくろがね小屋は、肌がつややかになるという白く濁った単純酸性泉を楽しむことができる、温泉の山小屋としても有名だ。この温泉は平安時代にはすでに知られていて、江戸時代には湯日温泉と名付けられ、多くの人が訪れる温泉歓楽街だったと言われている。それゆえ、古くから名だたる歌人、文人が訪れていて、多くの詩歌や文学作

荒々しい火山と穏やかな山容
二つの顔を持つ福島の名山

1 馬ノ背から眺める、稜線西側の火口跡「沼の平」。その巨大さに驚く 2 絶景広がる山頂付近からの眺め。天候によって双耳峰の磐梯山を望むことも可能 3 安達太良山山頂に立つ、頂上を示す標識。横には祠もある

品に登場。『万葉集』や高村光太郎が記した『智恵子抄』にも記述が見られ、深田久弥の『日本百名山』にも選ばれている名山だ。

　この山を西側から望むとその荒々しい火山の姿を見せるが、東側は一転して、穏やかな山容になる。ブナなどの広葉樹林に囲まれた中腹から山頂を望むと、緩やかに描く稜線に、噴火でできたドーム状の山頂が見える。その姿を乳房に見たて、「乳房山」という別名でも呼ばれる。

　スタートは塩沢温泉。ここから湯川に沿って登っていく。この道沿いには、沢を滑り落ちる三階滝や八幡滝、切り立った岩肌を見せる屏風岩や天狗岩など、見所が多い。だが、後半、この沢を渡る箇所では沢に渡された不安定な丸木橋を渡るので、十分に注意したい。

　八幡滝近くで二股になり、左の道を選んで登る。天狗の庭を経て、宿泊地、くろがね小屋に到着。温泉にゆっ

VOICE 5月22日：滝あり奇岩ありの新緑の渓谷を楽しめました by eessaattoo

1 山頂付近から峰の辻、その後ろに馬の背から鉄山方面を望む 2 くろがね小屋近くにある、立ち入り禁止の標識。この先に温泉の源泉がある 3 安達太良山から鉄山へ向かう馬ノ背

くりとつかり、登山の疲れを癒そう。

翌日、小屋を出発し、岩の転がる登山道を登れば峰の辻に着く。荒涼とした景色の向こうに立つ頂上をめざして進んでいく。30分ほど登れば、安達太良山の山頂に到着。山頂にあるドーム状の大きな岩にはクサリが架けられており、10分ほどで登頂することができる。ここから、牛ノ背と呼ばれる広い尾根上の道を進む。霧や悪天候などの視界が悪い時には、道を見失わないように注意したい。西側には、現在は立ち入り禁止地区となっている沼ノ平がある。かつての爆発の大きさを垣間見ることができる巨大な火口だ。

馬ノ背と名前を変えた尾根をさらに進み、鉄山（てつざん）を過ぎると鉄山避難小屋に着く。笹平の下には、雪渓が残ることもあるので、スリップに注意しながら歩こう。しばらくすると樹林帯に入り、僧悟台（そうご）を越えて、塩沢方面へと下る。途中から急な斜面となるので、慎重に進むと分岐を経て登山口に着く。

VOICE 10月2日：白濁の硫黄泉に、2回も入ってしまいました（くろがね小屋）by bakochan

アドバイス 有毒ガスが出ている場所もあるので立ち入り禁止地区には絶対に入らないように。

会津駒ヶ岳（あいづこまがたけ）

緩やかな山頂に湿原を持つ
福島県が誇る南会津の名山

福島県

1日目 4時間5分
2日目 2時間40分

春 6月過ぎまで雪が残る
夏 湿原に咲き誇る高山植物
秋 ブナと落葉樹が織りなす紅葉
冬 入山は雪山経験者に限る

アクセス

¥ 4,380円
時 約4時間10分

往路
- 浅草駅
- 東武日光線／鬼怒川線
- 新藤原駅
- 野岩鉄道会津鬼怒川線
- 会津高原尾瀬口駅
- 会津バス
- 駒ヶ岳登山口バス停

復路
- 駒ヶ岳登山口バス停
- 会津バス
- 会津高原尾瀬口駅
- 野岩鉄道会津鬼怒川線
- 新藤原駅
- 東武日光線／鬼怒川線
- 浅草駅

マイカー

P 滝沢登山口駐車場

標高 1,100m
台数 約20台
トイレ 無
料金 --

8月 ①

福島県南会津郡にそびえる会津駒ヶ岳は標高2133m。日本百名山のひとつに数えられているこの山は緩やかな稜線を持ち、山頂付近では高層湿原が広がる素晴らしい景色を堪能できる。その湿原には小さな池塘（ちとう）が点在し、晴れた日には水面が青空を写し、まさに天国のような光景が広がる。アルプスなどで見られる厳しい風景とは違う、優雅なその眺めは、この山の最大の見所となっている。

その山頂まで通じる登山道の周りには、雪国特有の見事なブナ林が広

雪国特有の豊かなブナ林と湿原広がる山頂の景色を堪能

1 駒の小屋のすぐ下にある駒ノ大池。休憩できるベンチとテーブルもある 2 湿原に架かる木道では多くの高山植物が楽しめる 3 滝沢登山口は階段から始まり水場まで急登が続く

by Eagle_Talon

by Eagle_Talon

がっている。冬枯れの枝振りの見事さ、春の芽吹きの躍動感、夏の緑のまぶしさ、そして秋に広がる紅葉の絨毯と、季節を通して、その美しさを堪能できるだろう。

また、湿原に咲き誇る高山植物の数々も見逃せない。雪の季節が長いゆえに、雪解けから秋までの5ヶ月の間に、急ぐように咲く花々が登山者の目を楽しませてくれる。

その山頂近くの稜線に立つのが、駒の小屋だ。気さくな夫婦が管理をしている定員28人という、こぢんまりとした山小屋。日本有数ともいえる豪雪地帯にあるので、営業期間は4月下旬から10月下旬まで。また、食事の用意がない素泊まりのみの営業なので、食材や水などを担いでいく必要がある。やや荷物が重くなるが、好きなメニューを自由に作って食べることができるのも、この山小屋の楽しさのひとつだ。宿泊者がめいめいに作った食事を食堂でとりながら「おいしそうですね」「よ

VOICE 7月14日：山を愛する人たちと山上居酒屋のような自炊室で楽しい時間が過ごせました by syosuke

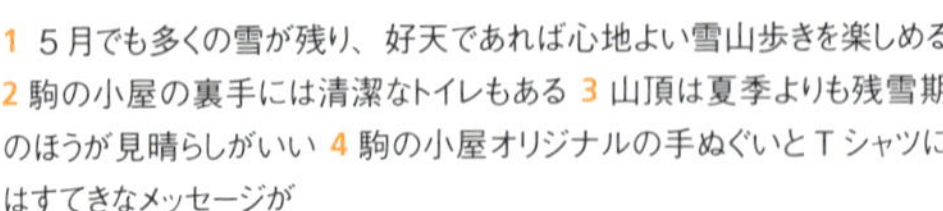

1 ５月でも多くの雪が残り、好天であれば心地よい雪山歩きを楽しめる 2 駒の小屋の裏手には清潔なトイレもある 3 山頂は夏季よりも残雪期のほうが見晴らしがいい 4 駒の小屋オリジナルの手ぬぐいとＴシャツにはすてきなメッセージが

かったら、ひとくちどうですか?」といった会話が弾むこともあるアットホームな雰囲気が、忘れられない思い出をつくってくれるはずだ。

　山頂へ続く登山道は、急な階段からスタートする。そのあとも、ブナ林の中を縫う展望のない急登が続くが、休憩をとりつつ、ゆっくりと足を進めたい。北西方向にしばらく進むと、やがてルートは尾根に上がる。その尾根に沿って西に曲がるあたりで、水場を示す看板がある。ここが最後の水場になるので、ぜひ補給をしておきたい。尾根道は針葉樹の間から景色が見え始め、徐々に山頂に近づいていく雰囲気を感じる。やがてその木々もまばらになり、湿原に入っていけば、山小屋まではもうすぐだ。

　小屋に荷物を置いて、山頂までは往復30分ほど。周りに広がる絶景を楽しみながら、湿原の上にかけられた木道を歩けば、立派な標識がある山頂に到着する。

VOICE 10月11日：急登だったみたいだけど、紅葉が素晴らしくて、気にならなかった(^o^) by robakun

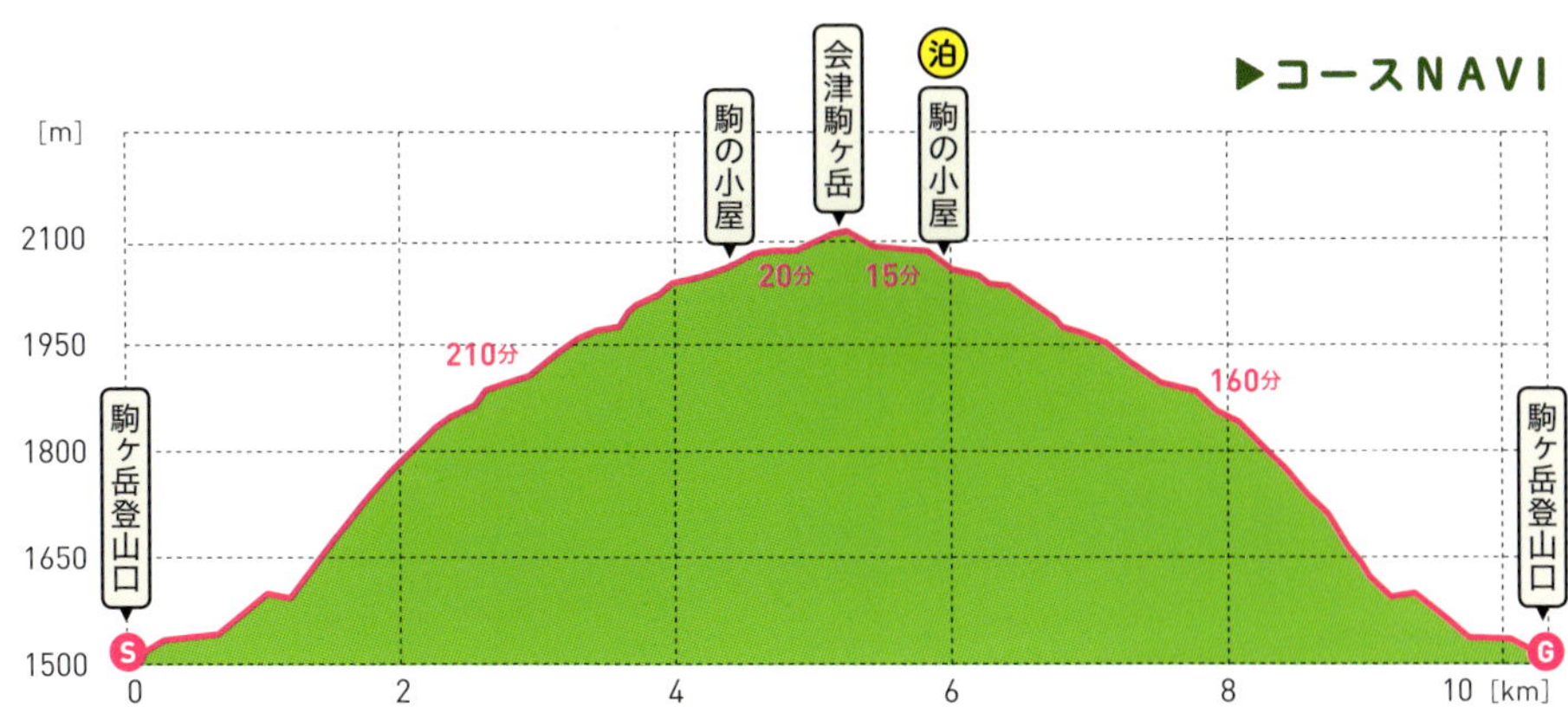

アドバイス 豪雪地帯のため6月まで雪が残る年も。現地に連絡し、状況を確かめてから入山を。

体力レベル ★★☆☆☆
技術レベル ★★★☆☆

甲武信ヶ岳（こぶしがたけ）

奥秩父に静かに佇む名峰を訪ねる知る人ぞ知る好ルート

埼玉県／山梨県／長野県

1日目 4時間10分

2日目 5時間20分

春 樹林の間に残る雪と春の芽吹き
夏 うっそうとした森の中の涼しさ
秋 紅葉と針葉樹林のコントラスト
冬 12月から4月は雪山装備が必要

アクセス

¥ 4,220円
時 約4時間30分

往路
- 新宿駅
- JR中央本線
- 小淵沢駅
- JR小海線
- 信濃川上駅
- 川上村営バス
- 梓山バス停
- 徒歩
- 毛木平

復路
- 毛木平
- 徒歩
- 梓山バス停
- 川上村営バス
- 信濃川上駅
- JR小海線
- 小淵沢駅
- JR中央本線
- 新宿駅

毛木平へは、梓山バス停から林道を約1時間歩く。タクシー使用の方法もあるが、マイカーでのアプローチがおすすめ。

マイカー

P 毛木場駐車場

標高 約1,410m
台数 約60台
トイレ 有
料金 --

甲武信ヶ岳は山梨県、埼玉県、長野県の3つが接する地点に立つ標高2475mの山。その由来は甲州（こうしゅう）（山梨）、武州（ぶしゅう）（埼玉）、信州（しんしゅう）（長野）の頭文字を繋げて付けたという説と、山容がまるで拳を突き上げたかのような形であることから拳岳と呼ばれたからという説がある。また、山梨県にある瑞牆山（みずがきやま）から東京都の雲取山（P78）まで走る、奥秩父主脈の一角をなし、日本百名山にも選ばれている。

甲武信ヶ岳へのアプローチは限られ、ここで紹介する長野県川上村の毛（もう）

大河の源流を生み出す深い森
その中を縫う静かな道をたどる

1 心地よい木漏れ日を感じられる千曲川源流遊歩道を進む 2 岩の上を清水が滑らかに流れ落ちる 3 小さな体ながら大きな声で歌うミソサザイ。こうした出会いも静かな森ならでは

by Blue-Green

木平からか、山梨県山梨市の西沢渓谷から、もしくは奥秩父主脈を縦走して到着する方法がある。どちらにしてもアプローチにやや時間がかかり、急げば日帰りでの登頂も可能だが、山頂から少し南東に下ったところにある甲武信小屋に一泊すると、余裕をもって歩くことができる。奥秩父主脈のなかでも、この山の近辺は、コメツガやモミなどの針葉樹林に囲まれた山深い山域。できれば、ゆっくりと静かで豊かな自然を楽しみたい。

　スタートは長野県の毛木平。ここから「千曲川源流遊歩道」という広く緩やかな沢沿いの道を進んでいく。途中、大山祇神社の祠や沢の水が大きな一枚岩の上を滑り落ちるように流れるナメ滝を見て、さらに登ると「千曲川・信濃川水源地標」と書かれた道標が立つ広場に着く。この場所から流れる細い水が、やがて日本海に注ぐ大河となる。ここから急登が始まるが、30分ほどで山梨県と長野県の県境となる

VOICE 6月3日：シャクナゲは十文字峠周辺が満開でちょうどよかったですねっ☆彡 by hana_sola

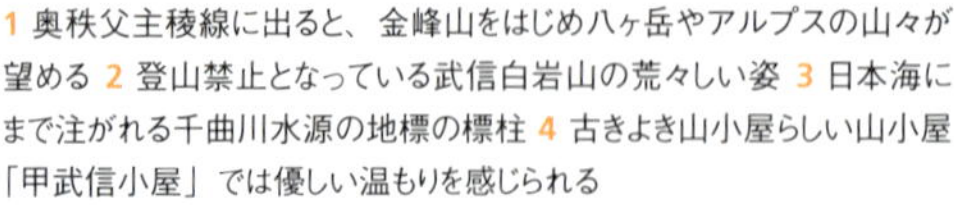
1 奥秩父主稜線に出ると、金峰山をはじめ八ヶ岳やアルプスの山々が望める 2 登山禁止となっている武信白岩山の荒々しい姿 3 日本海にまで注がれる千曲川水源の地標の標柱 4 古きよき山小屋らしい山小屋「甲武信小屋」では優しい温もりを感じられる

奥秩父主稜線へと登り詰める。東の方向に稜線上を進んでいくとやがて岩の折り重なる道となり、甲武信ヶ岳に到達する。ここからの眺めは最高で、奥秩父主脈に連なる山々はもとより、北アルプスや南アルプス、富士山（P74）の高嶺まで望むことができる。その景色を充分に堪能したら宿泊地の甲武信小屋へと向かおう。

翌日は、ふたたび山頂に登り返し、北へ進む。ここからしばらくは穏やかな尾根歩きとなる。その先にあるのは埼玉県の最高峰となる標高２４８３ｍの三宝山（さんぽうざん）だ。下っていくと途中に尻岩と名付けられた巨大な岩の基部を通過する。ここから先は所々に岩場が現れる。武信白岩山はそそり立つ岩峰で、山頂に立つことは禁止されている。大山の先には数カ所クサリ場もあるので慎重に進んでいきたい。樹林に囲まれた十文字小屋が建つ十文字峠から尾根道とわかれ、八丁坂を下っていけば毛木平に戻ることができる。

VOICE 9月25日：千曲川源流の起点。やがて信濃川から日本海へロマンを感じます by ryomajin

アドバイス このコースは登山者が少ない道。下山ルートにはクサリ場もあるので充分注意しよう。

東天狗岳

森林の中に湖沼が点在する
北八ヶ岳にそびえる名山

長野県

1日目 4時間50分

2日目 4時間20分

春 5月まで雪が残るので注意

夏 さわやかな高原の樹林帯を歩く

秋 針葉樹と紅葉のコントラスト

冬 年によっては11月半ばから雪山に

5月 ①

アクセス

¥ 4,500円
時 約4時間30分

往路
新宿駅
JR中央本線
茅野駅
アルピコバス
渋の湯バス停

復路
渋の湯バス停
アルピコバス
茅野駅
JR中央本線
新宿駅

マイカー

P 渋の湯駐車場

標高 1,850m
台数 約30台
トイレ 有
料金 1,000円

山梨県と長野県に横たわる八ヶ岳連峰。北は蓼科山（P68）から南は編笠岳まで、南北約30kmに延びる火山性の山脈。南に位置する標高2899mの赤岳（P124）を始め、2000mを超える峰々が連なるこの山域は、夏沢峠を境に北と南に分けられる。その北側、北八ヶ岳の主峰といえるのが標高2640mの東天狗岳、標高2646mの西天狗岳という2つのピークだ。

男性的な岩稜の山々が連なる南八ヶ岳とは対照的に、緩やかな森林に囲

美しい高原の森林を進み 北八の主峰で展望を満喫

1 黒百合平に建つ黒百合ヒュッテではコーヒーやケーキ、名物のビーフシチューなどの軽食も楽しめる 2 黒百合ヒュッテから中山峠までの道には木道が整備されている 3 天狗岳の先を下ると南北八ヶ岳の分岐点夏沢峠へ

まれた湖沼が点在する北八ヶ岳周辺。丸山と茶臼岳の間にある麦草峠には国道299号が通り、北横岳には麓から山頂付近までかかるロープウェーがある。登山口までのバスなどの交通網もしっかりと整備されている。アプローチもよく、豊かな自然を楽しめる北八ヶ岳は、関東はもとより全国から登山客が集まる人気のエリアだ。

火山活動によって生まれた山域ということもあり、麓や山の中腹には温泉が点在している。特に北八ヶ岳近辺には数多くの温泉が湧き、登山で疲れた体を癒してくれる。そして、各所に個性的な山小屋があり、登山のための休憩や宿泊はもちろん、その山小屋で過ごす時間を楽しみにして足を運ぶ「山小屋ファン」も多い。

そんな北八ヶ岳の魅力を味わえるのが、東天狗岳を目指すこのコースだ。渋の湯をスタートし、渋川に掛かる橋を渡る。しばらく進むと、やがて急な登りになる。一汗かくと分岐に到着

VOICE 9月13日：ルートにより岩場が多いので、濡れていると滑りやすい by kanagawa-k

1 東天狗岳山頂から西天狗岳方面を望む 2 樹林の間から見える白駒池の水面 3 白駒池周辺の苔むす森歩きは癒される 4 白駒池周辺の湿原では木道が整備されている

し、やや緩やかな尾根道となる。唐沢鉱泉分岐の先は谷沿いの道を進む。モミやツガなどの針葉樹林を縫うように登っていけば、やがて視界がひらけ、黒百合ヒュッテのある黒百合平に到着する。ここで荷物を解き、必要な物だけを背負って再出発。天狗ノ奥庭と呼ばれる溶岩でできた窪地の縁を歩き、急斜面を登れば東天狗岳の山頂だ。

翌日は中山峠まで登り、にゅうへの道を分けると中山へ到着する。ここからの展望も素晴らしく、中央アルプスや北アルプスが一望できる。中山から緩やかな広い尾根を下ると、岩が重なる高見石に到着する。高見石小屋で名物の揚げパンを味わったあとは、苔に覆われた針葉樹の道を進んで行く。やがて、木道が整備された白駒池が見えてくる。静かな雰囲気を堪能したら、再び高見石方面へ。そのまま渋の湯へ向かう。賽ノ河原は石が一面に転がっている場所なので道迷いと足元に気を付けながら、渋の湯まで下る。

VOICE 10月9日：黒百合から東天狗に至る天狗の奥庭は岩場のアップダウンの繰り返しで、結構ハード by msyuki

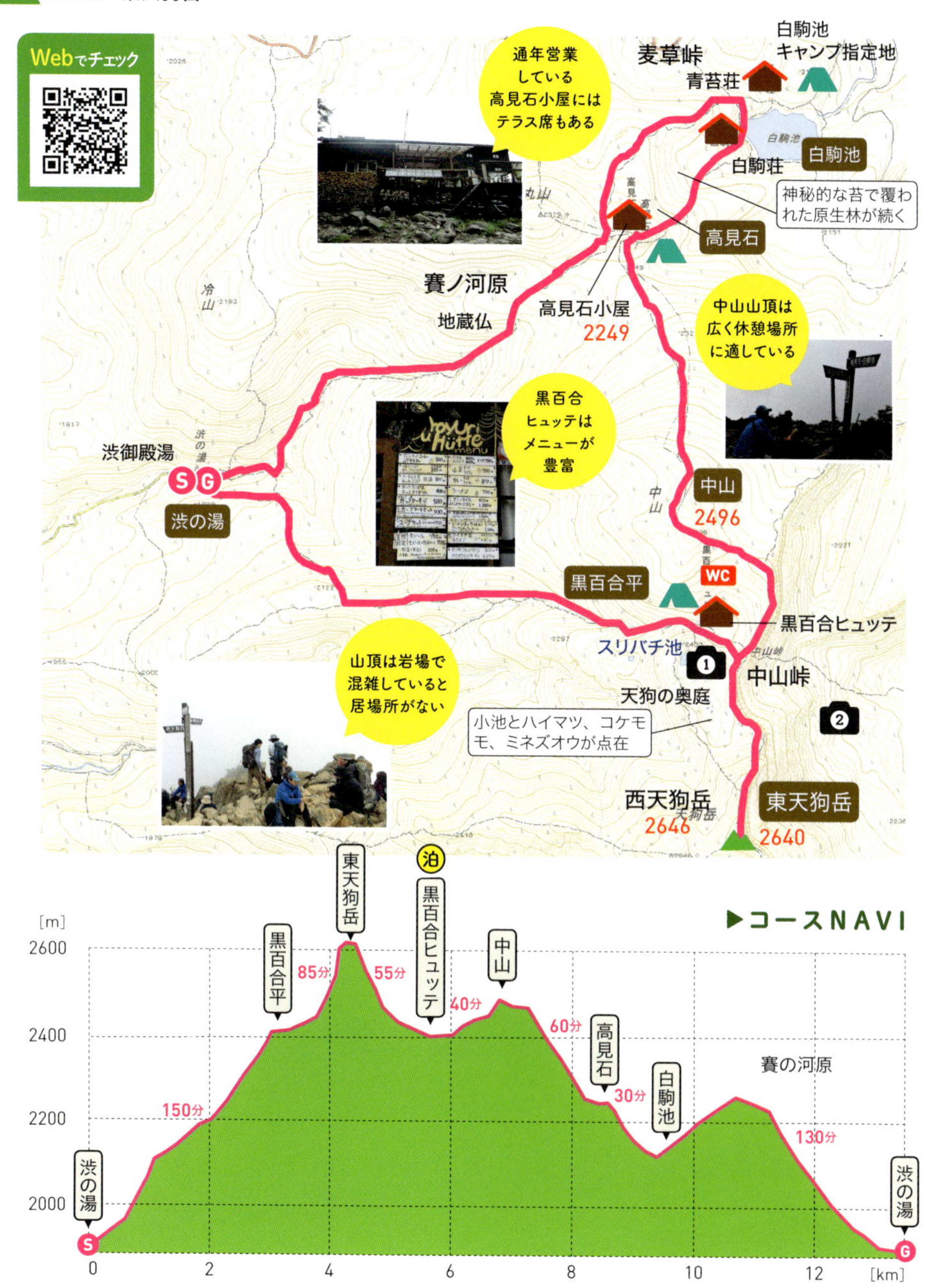

アドバイス 春先や秋には、天候によっては雪が舞う。風が強い山域としても知られているので悪天時は注意したい。

体力レベル ★★★☆☆
技術レベル ★★★★☆

甲斐駒ヶ岳・仙丈ヶ岳

南アルプス北部に対をなしてそびえる「岩」と「花」の山

山梨県／長野県

1日目 7時間35分
2日目 7時間10分

春 5月までは残雪期となる
夏 花畑で咲き乱れる高山植物
秋 カールを彩る草の紅葉
冬 11月以降は雪山経験者のみ

アクセス

¥ 5,070円
時 約4時間45分

往路
新宿駅
JR中央本線
甲府駅
山梨交通バス
広河原バス停
南アルプス市営バス
北沢峠バス停

復路
北沢峠バス停
南アルプス市営バス
広河原バス停
山梨交通バス
甲府駅
JR中央本線
新宿駅

マイカー

P 夜叉神駐車場
標高 1,770m
台数 約100台
トイレ 有
料金 --

通年で夜叉神ゲート～広河原でマイカー規制が行われる。夜叉神駐車場は台数が限られるので、芦安地区にある駐車場で停めてバスに乗り換えるのがおすすめ。

長野、山梨、静岡の3県にまたがって伸びる長大な赤石山脈(あかいしさんみゃく)。南アルプスとも呼ばれる山脈の北部にそびえるのが、甲斐駒ヶ岳と仙丈ヶ岳だ。標高2967mの甲斐駒ヶ岳は、山脈に属していながら、山梨県側の麓から2000m以上の標高差を作りつつ独立峰のように一気に立ち上がる雄大な山。南アルプスにある山々の多くが緩やかな山容である一方、この甲斐駒ヶ岳はまるで空を刺すかのような鋭い岩峰を持っている。

その横に立つ標高3033mの仙

雄々しい甲斐駒と「女王」仙丈
南ア屈指の名山２座を一気に踏破

1 甲斐駒ヶ岳山頂付近は花崗岩に覆われ、雪のような白砂の世界が広がる 2 全国に複数ある駒ヶ岳の中でも最も標高の高い甲斐駒ヶ岳山頂 3 北沢峠のテントサイトでは色とりどりのテントが並ぶ

丈ヶ岳は、一転して緩やかな線を描く稜線を持ち、大きくも穏やかなその山容から「南アルプスの女王」とも呼ばれて親しまれている。南側には、塩見岳へと通じる長大な仙塩尾根を持ち、その側面には、かつて存在した氷河で削られたとされる緩やかな斜面「大仙丈沢カール」が刻まれている。そこには高山植物が自生するお花畑があちこちに広がり、雪解けから初雪までの間に数多くの花を咲かせ、登山者を楽しませてくれる。

この２つの山の間にあるのが、登山の拠点となる北沢峠だ。バスで峠に着いたら、宿泊する小屋で荷物を解き、必要な物のみ背負って、まずは仙丈ヶ岳をめざす。針葉樹林の中を歩いていくと大滝ノ頭に到着する。分岐を小仙丈ヶ岳方面に進み、さらに登っていく。要所要所に高さの目安となる「○合目」の標識があるので、それを励みに登っていこう。森林限界を越えてハイマツを見るようになると、小仙丈ヶ

 VOICE 9月30日：八合目付近で雷鳥さんに会えました！（仙丈ヶ岳） by macaron428

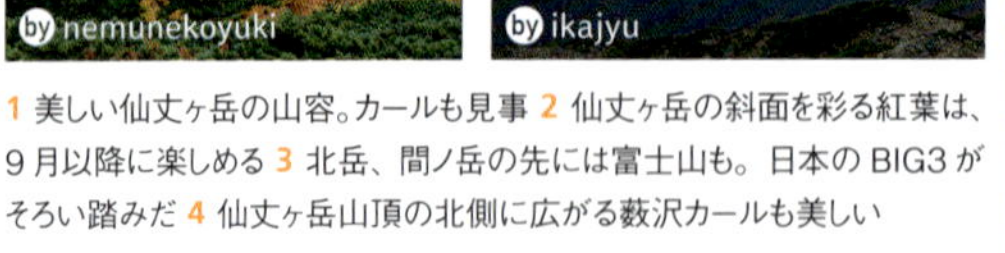
1 美しい仙丈ヶ岳の山容。カールも見事 2 仙丈ヶ岳の斜面を彩る紅葉は、9月以降に楽しめる 3 北岳、間ノ岳の先には富士山も。日本のBIG3がそろい踏みだ 4 仙丈ヶ岳山頂の北側に広がる薮沢カールも美しい

岳山頂に到着する。ここからは、左右に広がるカールと、足元に咲く高山植物を愛でながら登っていく。しばらくすると素晴らしい展望が広がる仙丈ヶ岳の山頂に到着する。帰路は北へ伸びる尾根上の道へ進む。仙丈小屋、馬ノ背ヒュッテ、仙丈薮沢小屋を経由し、大滝ノ頭を経て北沢峠へと戻る。

２日目は長衛小屋方面に向かってスタート。長衛小屋を過ぎると、やがて岩がゴロゴロと転がるガレた斜面となる。岩に付けられたペンキ印をたどっていくと、仙水峠に到着する。ここから見える摩利支天の巨大な岩壁に圧倒されながら進むと、樹林帯の急登となり、やがて森林限界を超えると駒津峰に到着する。ここから六方石まではアップダウンをくり返す。岩場が連続するので、慎重に進みたい。頂上直下は花崗岩が崩れたザレた道となり、登りきると祠の建つ甲斐駒ヶ岳の頂上に到着する。景色を存分に楽しんだら、双児山を経由して北沢峠へ下ろう。

VOICE 7月16日：絶景はまさに駒ヶ岳の王様。登るのも面白く景色も素晴らしい（甲斐駒ヶ岳） by T-moto

▶コースNAVI

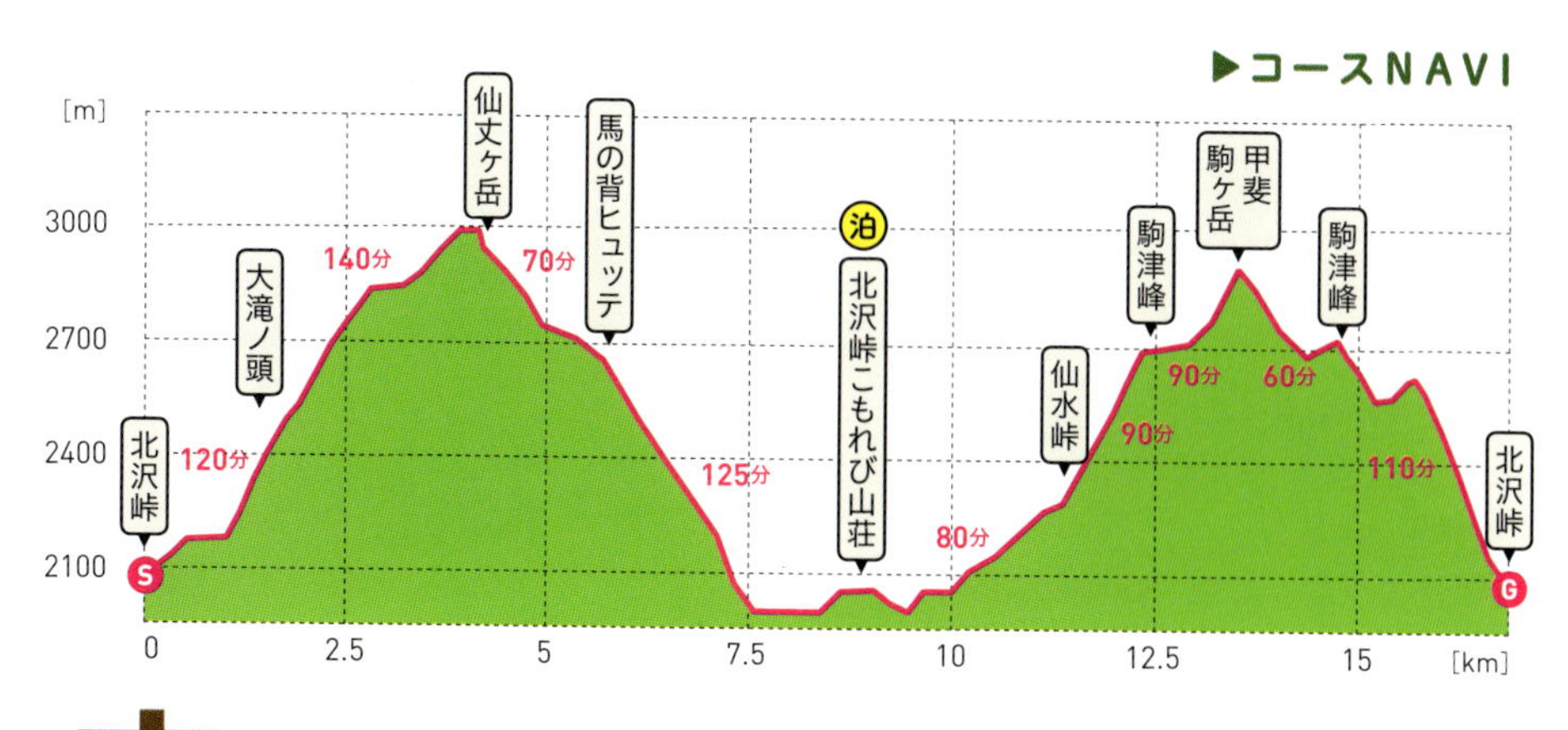

アドバイス 必要な荷物以外は小屋に預けることも可能だが、できればビバーク装備なども携行したい。

COLUMN 3

山の難易度に関わる「森林限界」を知る

山が見せる姿は緑もゆる森林だけではない。砂利や、ゴツゴツとした岩場が目立つような場所もある。それにより、登山の難易度やスタイルも大きく変化する。ここで重要なキーワードとなるのが「森林限界」である。

森林限界とは、樹木が成育でもなくなる限界の標高をさす。その原因はさまざまだが、植物が成育するのに必要な条件が揃いにくい場合や、強風、または降水量などの自然環境や気候が大きく影響を与えている。

関東以西の山の多くは標高2,500mほどで森林限界をむかえる。北関東以北の山では必然的に森林限界は低くなり、2,000m以下でも眺望を楽しめる。森林限界より高い山は、山頂付近に視界を遮る高い木がないため眺望を楽しめる。一方で、強い風を受けやすく滑落の危険性も増し、むき出しの岩場は滑りやすくもある。

必要な装備や難易度に関わる森林限界を意識して、目的の山・登山ルートを選ぶようにしよう。

同じ2,200m前後の山でも地域によって違う山頂の様子

鳥海山（2,236m）

山形県と秋田県にまたがる東北の名峰。1,200mほどから森林限界を超えているため、山頂までずっと視界が開けている。

瑞牆山（2,230m）

山梨県に位置する奥秩父主脈の一角。山頂でギリギリ森林限界を超えるため、眺望のご褒美が楽しめる。

恵那山（2,191m）

長野県と岐阜県にまたがる中央アルプス最南端の山。山頂は針葉樹林に覆われていて良好な展望は得られない。

PART

テント泊で楽しむ 1泊2日の 登山ルート5

ここからは中級～上級者向け。憧れのテント泊登山に挑戦してみましょう！
装備も増えてザックも重くなりますが、
最低限必要な「衣・食・住」を背負って踏破できれば達成感もひとしお。

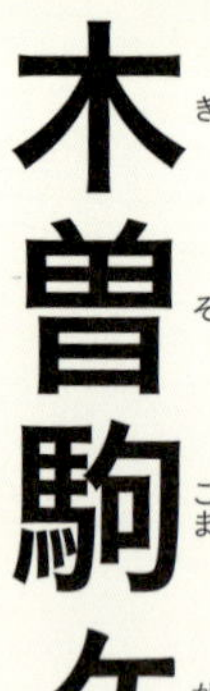

木曽駒ヶ岳（きそこまがたけ）

氷河が作り出したカールを従えた中央アルプスの美しき岩と花の山

長野県

1日目 1時間40分
2日目 2時間

春 残雪がありアイゼンなどが必要
夏 咲き乱れる高山植物
秋 カールを染める鮮やかな紅葉
冬 11月以降は雪山経験者のみ入山可能

アクセス

¥ 9,670円
時 4時間40分

往路
- 新宿駅
- JR飯田線
- 駒ヶ根駅
- 伊那バス
- しらび平バス停
- 駒ヶ岳ロープウェイ
- 千畳敷駅

往路
- 千畳敷駅
- 駒ヶ岳ロープウェイ
- しらび平バス停
- 伊那バス
- 駒ヶ根駅
- JR飯田線
- 新宿駅

マイカー

P 菅の台バスセンター駐車場

標高 850m
台数 約300台
トイレ 有
料金 600円

菅の台バスセンターからしらび平までマイカー規制がある。菅の台バスセンターでバスに乗り換えてアプローチする。

木曽駒ヶ岳は、長野県の伊那谷（いなだに）と木曽谷（きそだに）にまたがって走る木曽山脈の最高峰。中央アルプスと呼ばれるこの山脈は、北アルプスや南アルプスに比べ規模が小さく、最高峰の木曽駒ヶ岳でも標高2956mと、3000mには届かない。この山域の山の多くには、花崗岩（かこうがん）でできた切り立った岩壁が多く見られる。とくに、宝剣岳（ほうけんだけ）は鋭い岩峰で形成され、その中腹東側は約1万8000年ほど前の氷河によって削られた広大な岩稜地帯となっていて「千畳敷（せんじょうじき）カール」の名

ロープウェイを利用して一気に花々が咲き乱れる天上の楽園へ

1 6〜８月にかけて、チングルマをはじめとするさまざまな高山植物を楽しめる 2 乗越浄土の標識。道はよく整備されている 3 山頂の神社では修行中の山伏と出会うことも

で登山者に親しまれている。
　その特殊な環境で育つ珍しい植物も多く見られ、木曽駒ヶ岳の頂上付近に自生するヒメウスユキソウは、中央アルプスでしか見られない固有種。ほかにも千畳敷カールではコマクサやミヤマキンバイ、チングルマなどの高山植物が群生し、大規模なお花畑を形成。訪れる人の目を楽しませてくれる。
　ここで紹介するのは、山脈の東側の麓から千畳敷カールまでかけられている駒ヶ岳ロープウェイを利用するコース。しらび平駅からロープウェイに乗れば、歩くことなく標高２６１２ｍ地点にある千畳敷駅まで一気に到達できる。そこから千畳敷カールを望む雄大な景色と咲き乱れる花々を楽しみながら歩けば木曽駒ヶ岳に登頂できる、テント泊デビューにぴったりのルートだ。
　ロープウェイの千畳敷駅で支度を整えたら、いよいよ木曽駒ヶ岳に向けて出発する。千畳敷カールの上にそびえる宝剣岳を中心とした荒々しい岩肌

VOICE 7月28日：ダイナミックな空と雲と太陽を見ることが出来るテン場です（木曽駒ヶ岳頂上山荘）by sakurayuki

1 中岳山頂を超えて眼下の駒ヶ岳頂上山荘を目指して下る 2 山荘横のテントサイト。70張くらいのスペースがあるが、シーズン中は混雑するので譲り合って設営したい 3 ロープウェイからは絶景を望むことができる

の稜線を眺めながら登山道を進むと、徐々に急な登りとなる。八丁坂と呼ばれる急坂だが、よく整備されて歩きやすい。ここを登りきれば、岩の転がる乗越浄土（のっこしじょうど）に到着する。広々とした尾根からは千畳敷駅やカール下部を眼下に望むことができるだろう。ここから稜線上を進む。宝剣山荘、天狗荘と小屋を通過し、中岳に登頂すれば、木曽駒ヶ岳の姿が間近に迫る。中岳から下って木曽駒ヶ岳との鞍部にある駒ヶ岳頂上山荘で手続きを済ませ、テントを張ろう。3000m近いテントサイトから見る夕焼けや星空は圧巻だ。

翌日はいよいよ頂上へ。30分程度で山頂に着くが、防寒着や飲料水、非常食などを携行して登りたい。緩やかな斜面を進めば、そこは360度、視界を遮るもののない大パノラマが広がる。天気がよければ、遠く富士山（P74）の姿も望むことができる。

思う存分景色を楽しんだら、登りと同じ道をたどり、千畳敷駅まで戻る。

VOICE 9月24日：快晴なる千畳敷カールの大絶景、もうしびれました～ぁ！ by sakurasaku64

Webでチェック

伊那駒ヶ岳神社
木曽駒ヶ岳神社

木曽駒ヶ岳
2956

頂上木曽駒小屋

玉乃窪山荘

駒ヶ岳頂上山荘

中岳
2925

駒飼ノ池

岩場の頂上は風が強い。
防寒着を忘れずに。

伊那前岳

天狗荘

宝剣山荘

乗越浄土

つまづき、転倒
事故に注意

2931
宝剣岳

千畳敷カール内の遊歩道
は40分程で周遊できる

S G 千畳敷
2612

山頂にある
木曽駒ヶ岳
神社

千畳敷カール
を説明する
看板が立つ

駒ヶ根ロープ
ウェイで標高
2612mまで
一気に上がる

駒ヶ岳ロープウェイ

▶コースNAVI

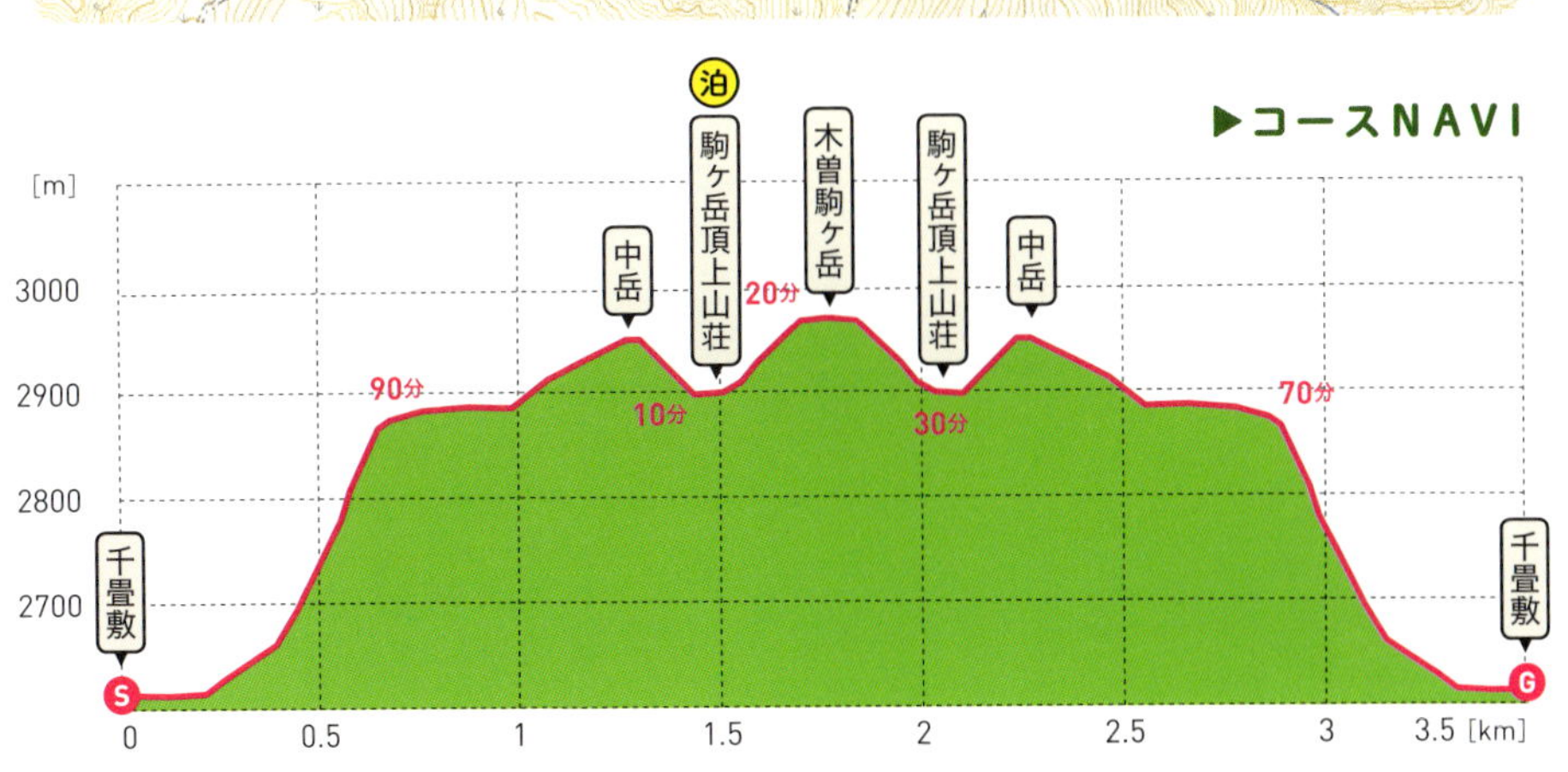

アドバイス 楽なルートだが、3000m級の山域であることに変わりない。装備はしっかりと整えて入山すること。

体力レベル ★★★★★

技術レベル ★★★☆☆

北岳

数多くの高山植物が咲き乱れる
南アルプスを代表する秀峰

山梨県

1日目 2時間35分
2日目 8時間5分

春 残雪があるのでアイゼンなどが必要

夏 夏空の元を走る稜線上の涼しさ

秋 バットレスの岩肌に映える紅葉

冬 紹介するルートは冬期閉鎖

アクセス

¥ 4,320円
時 約4時間15分

往路
- 新宿駅
- JR中央本線
- 甲府駅
- 山梨交通バス
- 広河原バス停

復路
- 広河原バス停
- 山梨交通バス
- 甲府駅
- JR中央本線
- 新宿駅

マイカー

P 夜叉神駐車場

標高 1,770m
台数 約100台
トイレ 有
料金 --

通年で夜叉神ゲート～広河原でマイカー規制が行われる。夜叉神駐車場は台数が限られるので、芦安地区にある駐車場で停めてバスに乗り換えるのがおすすめ。

9月 ①

北岳は南アルプスと呼ばれる赤石山脈北部にそびえる、標高3193mの山。富士山（P74）に次ぐ日本第二の高さを誇り、日本百名山にも数えられている秀峰だ。南に連なる間ノ岳、農鳥岳とともに、雪を頂く「白峰三山」として平安時代の昔から人々に知られてきた。また、「花の百名山」にも選出されていて、数多くの高山植物を見ることができる。ここでしか見ることのできない固有種のキタダケソウ、キタダケトリカブト、キタダケキンポウゲを始め、希少なタ

約1700mの標高差を登りきり日本第二の高さを持つ頂上へ

1 広河原にある吊り橋。しっかりとした作りだが注意しつつ慎重に渡りたい 2 宿泊する白根御池小屋。テントサイトは白根御池のほとりにある 3 広河原の吊り橋を渡ると、胸を突くような急登が始まる

カネマンテマなども自生している。6月から10月下旬頃までの短い期間に、数多くの花々があちこちでその姿も見せてくれる。そんな花々を愛でるのも、この山を歩く楽しみのひとつだ。

この北岳の山頂に立つには、広河原の登山口をスタートして、標高差約1700mを登りきる必要がある。健脚な登山者ならばその日のうちに、稜線に立つ北岳肩ノ小屋や北岳山荘に到達することも可能だが、途中にある白根御池小屋(しらねおいけごや)に一泊すると、やや余裕を持ったスケジュールになる。しかし、それでも3000mという標高を持つ稜線を目指すことには変わりはないので、装備や行動時間、体調には十分注意して歩きたい。

スタートの広河原でバスを降り、吊り橋を渡ったら、早速急登が始まる。広葉樹の木立のなかに付けられた道を登っていくと、やがて目の前が開け、白根御池小屋に到着。小さな池の周りの整地されたテントサイトで一晩を過

VOICE 7月22日：標高第2位の地から眺める景色は格別でした by offroader

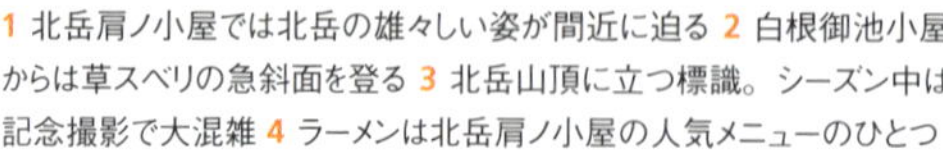

1 北岳肩ノ小屋では北岳の雄々しい姿が間近に迫る 2 白根御池小屋からは草スベリの急斜面を登る 3 北岳山頂に立つ標識。シーズン中は記念撮影で大混雑 4 ラーメンは北岳肩ノ小屋の人気メニューのひとつ

ごし、翌日頂上を目指す。

必要な装備を持って出発。草スベリと呼ばれる急な草地の斜面を登るが、振り返ればそれまで登って来た行程が見えて、励みになるだろう。森林限界を超えると日差しをさえぎるものがなくなるので、夏場などは熱中症にも注意が必要。やがて石の転がる道となり、稜線に突き上げる。そこから北岳肩ノ小屋まではわずかな距離だ。ベンチなども設置されているので、一息入れてから頂上を目指してもいいだろう。日本第二の高峰からは、360度の大パノラマが広がる。

景色を堪能したら、下山を開始。途中の分岐を南東へ向かい、八本歯(はっぽんば)のコルを通過する。ここはハシゴやロープ、丸太でできた階段のかかる岩場となるのでやや緊張するが、慎重に歩けば問題はない。白根御池小屋に立ち寄りテントを回収。登りと同じルートを下るが、ヒザなど体に不調がでないよう、各々のペースで歩こう。

VOICE 8月10日：ルートにより岩場が多いので、濡れていると滑りやすい by hathit

アドバイス　標高差約1700mを登って下るハードなコース。体調を万全にして入山したい。

体力レベル ★★★★☆
技術レベル ★★★★☆

赤岳（あかだけ）

八ヶ岳連峰の主峰
荒々しい男性的な山容が魅力の日本百名山

長野県／山梨県

1日目 3時間45分　2日目 6時間

春 5月下旬まで雪が残るので注意
夏 夏空と稜線を渡る涼風
秋 岩肌に映える紅葉
冬 雪山経験者のみ入山可能

アクセス

¥ 6,960円
時 約3時間

往路
- 新宿駅
- JR中央本線
- 茅野駅
- アルピコ交通バス
- 美濃戸口バス停

復路
- 美濃戸口バス停
- アルピコ交通バス
- 茅野駅
- JR中央本線
- 新宿駅

マイカー

P 蓼科（たてしな）観光駐車場

標高 1,490m
台数 約120台
トイレ 有
料金 500円

この他に、約30台駐車可能な八ヶ岳山荘の駐車スペースもあり、500円で利用できる。

1 沢沿いの道に掛けられた木道ではスリップに注意 2 行者小屋までは美しい木々を見ながら歩く 3 赤岳頂上近くに掛けられている鉄ハシゴは慎重に進みたい

長野県と山梨県にまたがって横たわる八ヶ岳連峰。北八ヶ岳は、東天狗岳（P106）をはじめとした、緩やかな尾根をもつ山々に湖沼が点在する柔らかな雰囲気が漂うが、夏沢峠から南に入ると一転して荒々しい景色を見せる。北八ヶ岳とは異なる岩質で形成された岩峰が連なる、歩きごたえのあるコースも多い。

そんな南八ヶ岳の主峰とも言えるのが標高2899mの赤岳だ。八ヶ岳の最高峰でもあるこの山は、小同心・大同心という岩峰を抱えた横岳と、切れ落ちたキレットを山肌に刻む権現岳という二つの雄々しい山にはさまれてそびえるピークの総称だ。その山頂へ達するには、岩場に設置されたハシゴやクサリをよじ登らなければならず、緊張感のあるルートとなっている。だが、年間を通して数多くの登山者が訪れる人気の山でもあるため、登山道はよく整備されており歩きやすい。また、麓には赤岳鉱泉と行者小屋、頂上近くには赤岳頂上山荘と赤岳天望荘と、多くの有人小屋があるので、安心して歩くことができる。それゆえに、北アルプスや南アルプスなどの山にステップアップするには最適なコースとなっている。

美濃戸高原ロッヂ、八ヶ岳山荘という2つの小屋が建つ美濃戸口をスタートし、しばらくは柳沢に沿って歩き、二手に分かれる道を左に進む。ここから流れは北沢と名前を変え、その沢の音を聞きながら針葉樹林の中をゆるやかに登っていくと、赤岳鉱泉に到着す

VOICE 8月27日：八ヶ岳は下の苔の森と上の岩肌との対比が素晴らしかった by mamoras249

1 稜線からは美しい富士山の姿を見ることができる 2 地蔵尾根を登りきった先にある赤岳天望荘 3 赤岳鉱泉と行者小屋で販売されている手ぬぐいはシンプルながら味わいのあるデザイン 4 行者小屋のテントサイトは広くて快適。50張近く設営が可能

る。さらに進めば中山乗越（なかやまのっこし）を通過して、本日の宿泊地となる行者小屋にたどり着く。

　二日目は行者小屋にテントを残し、必要な装備を持って山頂目指して地蔵尾根を登り始める。樹林帯の中を進むと、鉄の階段があるが、慎重に登りたい。森林限界を超えると、いよいよ核心部のクサリ場が現れる。そこを登りきれば、稜線にある地蔵の頭にたどり着く。強風に気をつけて登れば赤岳天望荘に到着。ここから30分ほどで赤岳の山頂だ。富士山（P74）はもとより、北、中央、南のアルプスが一望できる。

　眺望を楽しんだら、下山を開始しよう。**すぐにクサリが連続して現れるので慎重に行動するように**。キレットへ分岐を通過するとクサリがあり、下るとやがて樹林帯に到達する。鉄の階段を歩けば、行者小屋に戻る。テントを回収して南沢沿いに下り、美濃戸口に向かう。

VOICE 10月8日：美濃戸口から行者小屋までは緩やかな登りで、初心者のテント泊にはぴったりの山道です by Shanks

▶コースNAVI

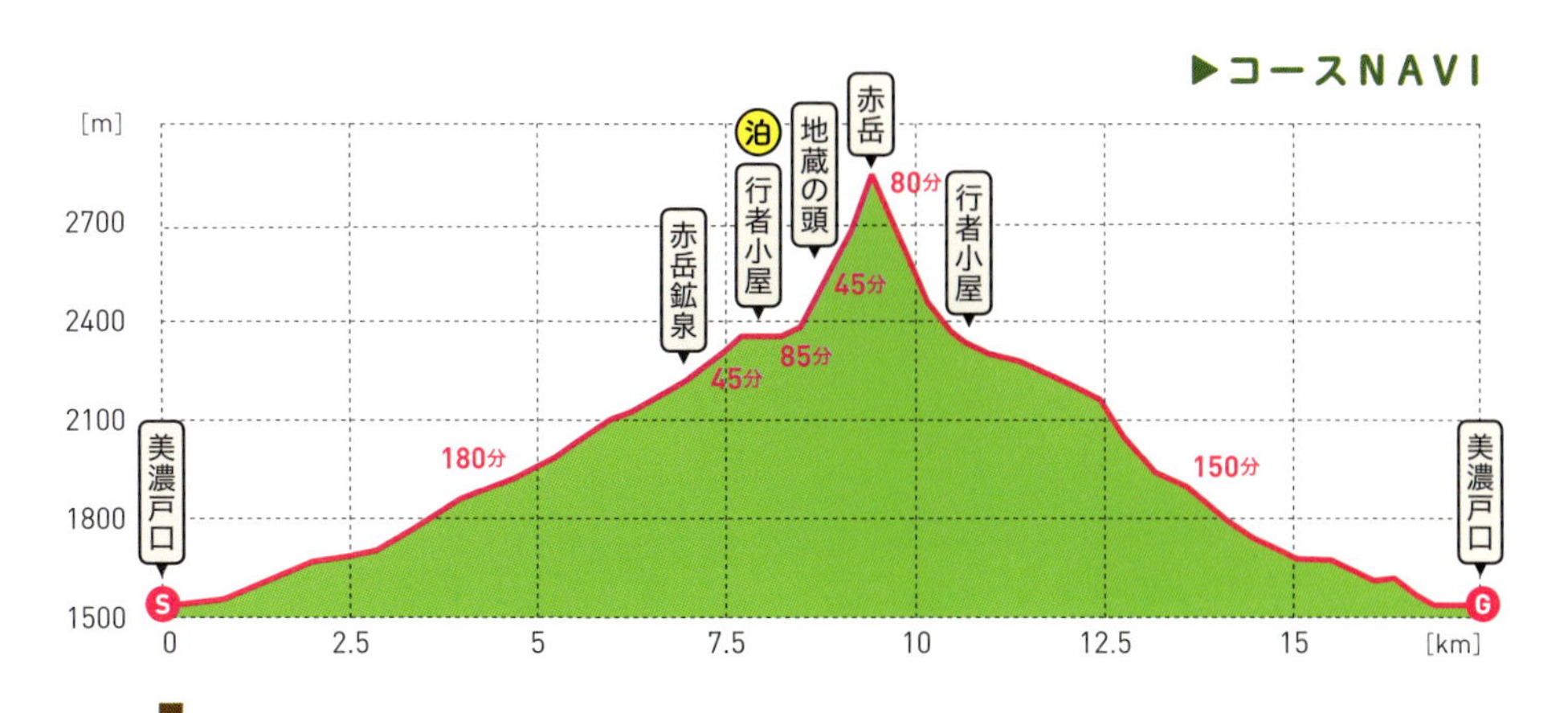

アドバイス 山頂直下にある鉄の階段とクサリは滑りやすく、大事故にもつながりやすい。悪天時は細心の注意を。

体力レベル ★★★★☆
技術レベル ★★★☆☆

- 春 白峰三山の展望と渓谷の新緑美
- 夏 花崗岩の白い岩肌と青空のコントラスト
- 秋 樹林帯に広がる紅葉の錦
- 冬 雪山上級者のみ入山可能

鳳凰三山

岩でできた3つのピークが並ぶ
古くから知られた信仰の山

山梨県

1日目 4時間30分　2日目 8時間35分

アクセス

¥ 5,650円
時 約3時間

往路
新宿駅
JR中央本線
甲府駅
山梨交通バス
夜叉神峠バス停

復路
夜叉神峠バス停
山梨交通バス
甲府駅
JR中央本線
新宿駅

マイカー

P 夜叉神駐車場

標高 1,770m
台数 約100台
トイレ 有
料金 —

夜叉神駐車場は台数が限られるので、芦安地区にある駐車場で停めてバスに乗り換えるのがおすすめ。

鳳凰三山は山梨県の南アルプス北部にそびえる、地蔵岳、観音岳、薬師岳の3つの山の総称。南アルプスの北岳（P110）や甲斐駒ヶ岳（P120）などのある主脈からやや離れているので、その峰々を一望できるのが特徴。また、南アルプスでは数少ない、花崗岩でできた山でもあり、森林限界より上の稜線では、風雨で削られた大きな奇岩があちこちに鎮座している。特に、地蔵岳の頂上には、麓の甲府盆地からも見ることができる「オベリスク」と呼ばれる尖塔がある。2つの巨大な岩が重なるようにそそり立つ、その不思議な光景は古くから知られ、聖なる物として崇められてきた。地蔵岳と赤抜沢ノ頭の間には賽の河原と名付けらた場所があり、担ぎ上げられた地蔵が今でも数多く見られる、信仰の山でもある。

また、花崗岩が風化してできた砂礫が広がる稜線上には、特異な条件で育つ珍しい植物も多い。固有種のホウオウシャジンや、ピンクの可憐な花を咲かせるタカネビランジは、絶滅のおそれがあるとして環境省と山梨県が作るレッドリストに挙げられている。その2種以外にも、樹林帯などに数多くの高山植物を見ることができる。

スタートは、夜叉神峠登山口。夜叉神峠から見える白峰三山の姿を堪能したら、樹林帯に入っていく。大崖頭山の山頂を西側から巻いて進み、杖立峠を越えると辻山との分岐点となる苺平に到着。ここから少し下ると、木々に囲まれた南御室小屋が見えてくる。本

1 賽の河原には数多くの石地蔵がたたずむ 2 稜線には巨大な花崗岩があちこちに。風雨に削られ、表情豊かな姿を見せてくれる 3 花崗岩が崩れてできた砂礫に覆われた白い道が続く

 VOICE 7月15日：観音岳から地蔵岳は見ため近いようでアップダウンがあり意外とキツイ by 4y4

観音岳付近から薬師岳方面を振り返って見る。雲海の上にきれいな姿の富士山が近くにくっきりと浮かぶ。

日はここでテントを張って宿泊する。

翌日、小屋をスタート。8時間を超えるロングコースとなるため、できるだけ早く出発しておきたい。やがて森林限界を越え、ハイマツが生える眺めのよい稜線上の道となる。薬師岳小屋を過ぎれば、ひと登りで薬師岳の山頂に到着する。ここから観音岳を経て地蔵岳まで、白い花崗岩の砂が広がる気持ちのよいルートになる。晴れている日は、南アルプスの主脈に並ぶ山々や富士山（P74）が楽しめる。観音岳の先で一度下り、登り返すと赤抜沢ノ頭、その先の賽の河原に並ぶ地蔵群を過ぎると地蔵岳に到着。その山頂に立つ岩峰、オベリスクの上に登る人もいるが、ロープなどのクライミングギアが必要となる。準備のない人は絶対に登らないようにしたい。ここから下山をはじめる。鳳凰小屋を過ぎ、白糸の滝や南精進ヶ滝などの美しい瀑布がかかるドンドコ沢沿いを注意しながら下ると、ゴールの青木鉱泉に到着する。

VOICE 8月5日：南御室小屋のテント場は広いし、水はおいしいし、満足 by naoyukiyos

アドバイス 二日目の行動時間は長め。ドンドコ沢沿いの下山路も長く、ヒザなどに負担がかかりやすいので注意。

西穂高岳独標（にしほだかだけどっぴょう）

優雅な景色の上高地から登る
北アルプスを代表する岩峰

長野県／岐阜県

1日目 4時間10分
2日目 5時間20分

春 残雪と新緑のコントラスト
夏 爽快な稜線歩きと高山植物
秋 岩肌を彩る色とりどりの紅葉
冬 本格的な雪山装備と知識が必要

アクセス

¥ 9,550円
時 約4時間15分

往路
- 新宿駅
- JR中央本線
- 松本駅
- 松本電鉄上高地線
- 新島々駅
- アルピコバス
- 上高地バス停

復路
- 上高地バス停
- アルピコバス
- 新島々駅
- 松本電鉄上高地線
- 松本駅
- JR中央本線
- 新宿駅

マイカー

P 沢渡駐車場（14カ所）

標高 1,000m
台数 約2,000台以上
トイレ 有
料金 600円

シーズン中はマイカー規制があるので、沢渡の駐車場に停めてバスやタクシーなどに乗り換える必要がある。駐車場は近辺に14カ所あるので、案内に従って停めよう。

西穂高岳は標高2909mの北アルプス南部の山。古くは、この稜線に連なる山全体を「穂高岳」と呼んでいたが、1900年代に、それぞれのピークに、「北穂高」「奥穂高」「前穂高」「西穂高」と名前が付けられた。その南の端に位置する西穂高岳のさらに南に立つ前衛峰が、ここで紹介する西穂高岳独標だ。周りにそびえる山々に比べると比較的低い、2701mという標高の頂上だが、森林限界の上に位置していて眺めは抜群。続く稜線の先にある西穂高岳が目前に迫り、その

難易度の高い岩の道を越えて迫り来る西穂高岳を望む

1 7～9月にかけて白い花を咲かせる高山植物イワツメクサ 2 宝水より先に水場はない。見落とさないように 3 登山口から山荘まで、よく整備された歩きやすい道が続く

荒々しい岩壁を間近に見ることができる。独標から西穂高岳までは往復4時間ほどの行程だが、険しい岩稜に数多くのクサリやハシゴが連続する、上級者向けのルートだ。しかし、その手前の西穂山荘から独標までは山頂直下に岩場があるものの、穂高らしい雰囲気と景色を比較的容易に楽しむことができる。岐阜側にある新穂高温泉からは2156m地点までロープウェイで登ることができ、その先にある西穂山荘が通年営業を行っていることもあり、夏の登山シーズンのみならず、冬期も積雪登山を楽しむ人が訪れる人気の山でもある。

ここで紹介するコースは、登山者はもとより、その美しい景色から多くの観光客も訪れる上高地からスタート。その上高地にあるバスターミナルから南東に少し戻った西穂登山口より登り始める。梓川（あずさがわ）にそそぐ玄文沢（げんぶざわ）に沿ったなだらかな道を行くが、やがて中尾根に取り付き、高度を上げていく。豊

VOICE 8月17日：稜線からの景色はとても素晴らしく、標高の高い山に来たんだなぁと嬉しくなった by wakatan

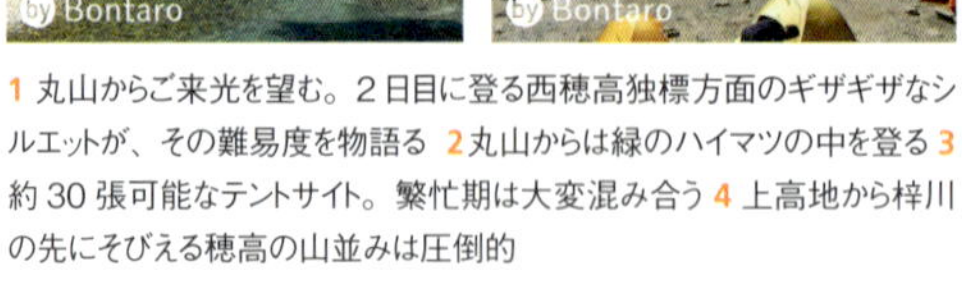

1 丸山からご来光を望む。２日目に登る西穂高独標方面のギザギザなシルエットが、その難易度を物語る 2 丸山からは緑のハイマツの中を登る 3 約 30 張可能なテントサイト。繁忙期は大変混み合う 4 上高地から梓川の先にそびえる穂高の山並みは圧倒的

かな森の中を進むと、途中、宝水と名付けられた水場があるので、喉を潤そう。ここからひと踏ん張りすれば南東にある活火山、焼岳(やけだけ)へと道を分ける上高地・焼岳分岐を通過する。そこから北に向かい、ほどなくすると、稜線に立つ西穂山荘に到着する。

翌日は必要な装備のみを持って、山荘のテントサイトから独標をめざす。歩き始めてすぐに大きな岩を越えるような場面もあるので、慎重に進みたい。２４５２ｍの丸山近辺で森林限界を越え、ハイマツと岩がモザイク模様を描く稜線を進んでいく。最後にクサリ場が現れ、すれ違いに注意して登りきれば、そこが独標のピークだ。ここから、西穂高岳へと続く尾根は、岩がそそり立つ厳しい岩稜帯だ。その荒々しい道の先にそびえる西穂高岳の勇士を目に焼き付けよう。帰りは来た道を戻り、西穂山荘でテントを回収して下山する。クサリ場や岩のザレた道の下りは慎重に足を進めたい。

VOICE 9月24日：丸山を越えると石がいっぱいで歩くのが大変でしたが、岩歩きが楽しかったです by koumama

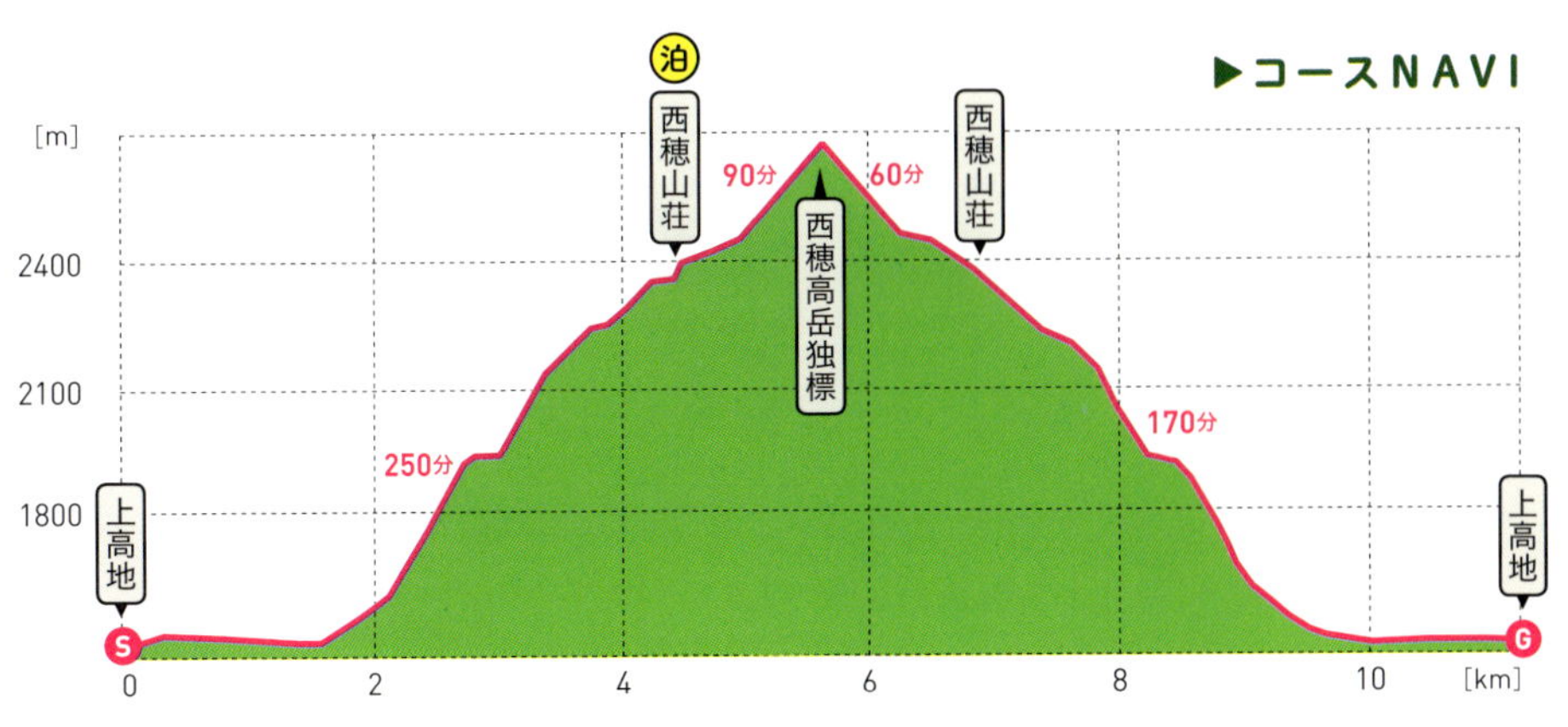

アドバイス 穂高周辺では比較的歩きやすいコースと言われているが、クサリ場などがあり、難易度の高いコースだ。

登山の楽しみを格段に広げる

登山計画を立てよう

登山経験はあるけど、自分で計画を立てたことはない…。そんな人のために、登山計画の立て方をレクチャーします。連れていってもらう登山から卒業しましょう!

できる限り直近の情報を収集しよう

登りたい山を自分で見つけて、計画を立てられてこそ一人前の登山者だ。本書で紹介している人気のルートをたどるのもおすすめだが、自分自身の登山レベルやアクセス方法に合わせて登山計画を立てられれば、山の楽しみ方はより広がることになるだろう。

そのために、重要となるのは情報収集力。目的の山が決まったら、どのルートで登るか、登山口までのアクセス方法、行く時期に応じて必要な装備や注意すべきポイントなど、チェックすべき項目は多数ある。ヤマレコでは多くの登山者が山行記録を公開しているため非常に参考になる。ただし、季節や天気に応じて山の姿は激変するため、直近の情報を収集することも忘れないようにしよう。

目的の山を選んでルートを調べる

ルートを選ぶ基準は「コースタイム」

ルートの難易度にもよるが、登山開始から下山までにかかる時間が、概ね3〜4時間で初級者向き、6〜7時間が中級者向きとされている。自身のレベルに合わせたルートを選ぼう。コースタイムは、成人男性が10kgほどの荷物を背負って無理なく歩けるという基準で設けられているが、これには休憩時間が含まれていない。山頂でのランチタイムや休憩時間を加味して計画を立てよう。また、下山時間は日が暮れる前に設定すること。

登山口までのアクセスを調べる

マイカーか交通機関か、どちらにもメリット・デメリットがある

ルートが決まったら、スタート地点となる登山口までのアクセス方法を調べよう。人気の山であれば大抵はバスでアクセスすることができるので、運転免許証やマイカーのない人でも大丈夫。マイカーは自由度が高いが、下山時は同じ登山口に戻ってくる必要がある。登山時と下山時でルートを変えられるなど、ルート選択段階では交通機関を使うほうが自由度が高いと言える。ただし、時刻表などに縛られて行動することになるので、それぞれのメリットデメリットを把握した上で選択するように。

マイカーでアクセスするときは、駐車場の駐車台数もチェック。ハイシーズンの休日は停められないことも。また、帰宅時間によっては渋滞に巻き込まれることも予想されるため、下山時間にも気を配りたい。

最新情報を集める

山小屋から直近の情報を得よう

ガイドブックやWEBで山の情報は得られるが、基本的にはそれらはあくまで過去の履歴である。行く季節が変われば山の様子も変わるし、一年前のまったく同じ日付だったとしても年度によって気象条件も違うので、雪の量なども変わる。ルート上にある山小屋のHPやSNSなどをチェックしてみたり、直接問い合わせてみるなど、直近の情報を集めるようにしよう。

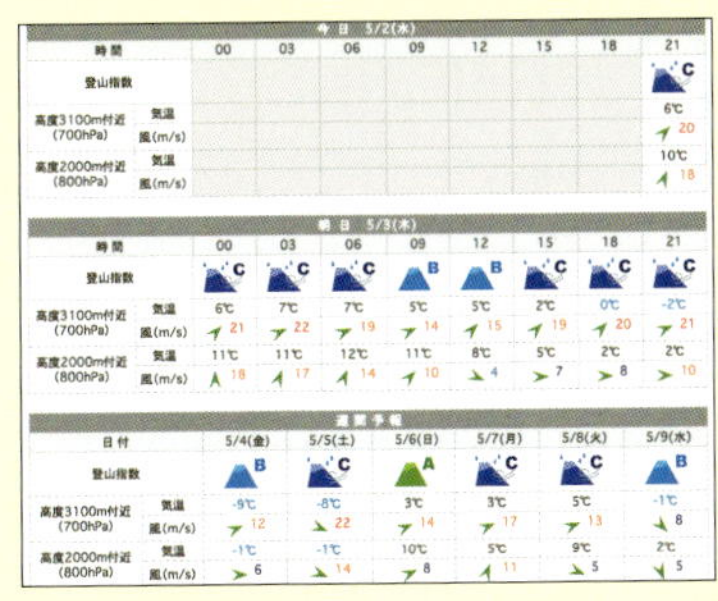

今日 5/2(水)

時間		00	03	06	09	12	15	18	21
登山指数									C
高度3100m付近 (700hPa)	気温								6℃
	風(m/s)								20
高度2000m付近 (800hPa)	気温								10℃
	風(m/s)								18

明日 5/3(木)

時間		00	03	06	09	12	15	18	21
登山指数		C	C	C	B	B	C	C	C
高度3100m付近 (700hPa)	気温	6℃	7℃	7℃	5℃	5℃	2℃	0℃	-2℃
	風(m/s)	21	22	19	14	15	19	20	21
高度2000m付近 (800hPa)	気温	11℃	11℃	12℃	11℃	8℃	5℃	2℃	2℃
	風(m/s)	18	17	14	10	4	7	8	10

週間予報

日付		5/4(金)	5/5(土)	5/6(日)	5/7(月)	5/8(火)	5/9(水)
登山指数		B	C	A	C	C	B
高度3100m付近 (700hPa)	気温	-9℃	-8℃	3℃	3℃	5℃	-1℃
	風(m/s)	12	22	14	17	13	8
高度2000m付近 (800hPa)	気温	-1℃	-1℃	10℃	5℃	9℃	2℃
	風(m/s)	6	14	8	11	5	5

提供：日本気象株式会社

ヤマレコでは「最近の記録」を検索することができる。山名でも検索できるので、目的の山の最新の記録を参考にしよう。また、当日の天気も要チェック。山の天気は変わりやすいので、出発当日にも確認を怠らないようにしたい。

行きたい山と行ける山の親和性を探る

目的の山の選び方

登山計画を立てる上で大切なのは、目的の山の選び方。自分の登山レベルやそこまでのアクセス方法も含めて、現実的なプランとなる山を選びましょう。

最も考慮すべき点は体力的に余裕があるか

テレビや雑誌などで見た、素晴らしい景色に憧れて山を選ぶこともあると思う。登りたい山を選ぶときの動機などは、なんでもいい。大切なのは、その山が現実的に自分が登れる山なのかどうかだ。

例えば、夏秋だとしてもルート上に残雪があれば、軽アイゼンなどの装備が必要だし、遠方の山であれば、そこまでのアクセス時間を含めた休暇が必要だ。ただ「行ってみたい」と思って決めた山でも、入念な下調べと準備、計画性が問われることになる。

特に気をつけたいのは歩行時間や標高差など、体力に関わる点。登山の大前提は「安全に登れること」なのだから、体力的に決して無理のないルートを選ぶことが必須である。

選び方1 自分に合ったレベルで選ぶ

標高や山域でおおよその難易度は決まる

日本は国土の73%を山地が占める山国である。日本全国に山があり、その山容は地域によっても季節によっても千差万別である。そこで、自分に合ったレベルの山を選ぶ際の最もシンプルな選び方といえば、標高で選ぶことだろう。登山口の標高やロープウェイが整備されていない限り、標高が2,500mを超える山は難易度が高い。ここでは人気の山域や地域ごとの山の特徴を簡単に解説しておく。ただ、山によっては必ずしも当てはまらないこともあるため、あくまで参考としておくこと。

日本アルプスの山々

3,000m級の山々が連なる。急峻で標高差もあり、それなりの体力が必要となる。中級者以上向け。

八ヶ岳周辺

森林から岩稜帯など、山の楽しみが凝縮された山域。ルート次第で初心者も上級者も楽しめる。

東北の山々

1,500m級の穏やかな山容が多いが、当然ながら関東以西に比べ残雪期は長い傾向にあるので注意。

関東周辺の山々

落ち着いた雰囲気の山々が多いが、群馬方面には荒々しい岩山も。都心に近い丹沢・奥多摩などが人気。

近畿・中国の山々

2,000mを超える山がなく、比較的初心者向き。中国の山々は牧歌的な草原やブナ林など楽しみも豊富。

四国・九州の山々

春先や晩秋でも登山を楽しめる。メジャーな山は初級〜中級向けがほとんど。個性的な山も多い。

選び方2 季節に応じた山を選ぶ

登山は一年を通して楽しむことができる

季節に応じて山容も大きく異なる。その季節にしか咲かない花など、高山植物を愛でるのも楽しみのひとつだ。3～5月には低山で、6～8月では高山で見所を迎えるため、開花時期に合わせて登る山を選びたい。地域や標高により時期も異なるが、9月以降は紅葉を楽しむのも一興。高山ではお盆過ぎには秋の気配を感じられるようになる。12～2月にかけては晴天率が高く、空気が澄んで展望がよい季節。スノーシューハイキングなどの楽しみ方もあるが、基本的には登山経験を積んだ上級者向きの季節である。初心者は春に低山、夏に高山と順を追ってレベルアップしていこう。

3~5月

木々の躍動感あふれる春山。低山でハイキングコースを楽しむのがおすすめ。2,000mを超える山では雪が降ることも。

6~8月

梅雨を除けば、本格的な登山適期。ただし、夏でも高山で雨に降られれば低体温症にもなることもあるため雨具や防寒具は忘れずに。

9~11月

山々が彩りに包まれる絶好の季節。ただし、台風や秋雨前線の動きにより天候は不安定なことも。

12~2月

天気も安定し、素晴らしい眺望が楽しめる雪山。標高1,000m以下の低山ならば、おだやかな山歩きを楽しめる。

選び方3 アクセス方法の違いで選ぶ

● 電車・路線バス

誰もが利用できる交通手段。概ね時間通りに行動できるため、計画が立てやすい。逆に時間の融通が利かないため、特に下山時間には余裕を持った計画が必要だ。また、登山口に通じるバスや電車は本数が少ないので、運休情報も含めて入念な下調べが必要だ。

● マイカー

出発時間も帰宅時間も自由に決められるマイカー。人数が揃えばガソリン代や高速代も割り勘にできるのもメリット。しかし、運転者は疲労を抱えたまま帰路にて渋滞に巻き込まれることも。また、下山時には駐車場に戻らなければならないので、ルート選択の自由度は低い。

● 高速バス

電車に比べて時間はかかるが、低コストで移動できるのが高速バス。都市圏から登山口まで直行する夜行バスも人気で、山小屋の宿泊代がセットになったプランもある。ただし、深夜移動で時間を有効に使える一方で「寝心地」が問題。乗り馴れてないと睡眠不足で登山に臨む可能性も。

登山に欠かせない計画書の作成ポイント

計画書を作成しよう

登山においては登山計画書の作成は必須。
具体的な計画書の書き方を改めて解説します。

登山計画書を作って安全登山の準備をしよう

どんな山でも安全の為に登山計画書を作成する必要がある。登山計画書に日程、メンバー、登り口、宿泊地、下山口、装備、食料、アクセス、緊急時の対応などを決めて書き出してみよう。そして実際に歩くルートを事前に調べて地形や危険箇所、エスケープルートなどを確認し、事前にシミュレーションすることは実際の登山であらゆる場面に対応するのにとても役に立つ。

また、登る山を管轄する警察署や家族などの第三者に計画書を提出しておくことで、万が一の遭難に対しての捜索活動のスピードは大きく変わる。

登山計画書を提出することは自分の命を守り、安全に登山を楽しむ重要な準備となるはずだ。

登山計画書の提出方法

登山計画書は最低３枚作成すること。１枚は所持して、１枚は家族、１枚は登る山を管轄する警察署に提出する。人気の山には登山口に登山ポストがあるが、必ずあるわけではない。あらかじめ、FAXやメールなど、登る山を管轄する警察署を調べて事前に提出しておこう。

義務化されている山もある

2014年の御嶽山の噴火災害を教訓に、登山者の安否確認や迅速な救助活動に役立てるため、登山計画書の提出が義務化されている地域が増えている。富山県、群馬県、岐阜県、新潟県、長野県など多くの山を有する地域で義務づけられており、一部では５万円以下の過料などの罰則規定もある。

同行メンバーとも共有する

安全に登山をするためには複数人での登山を推奨する。その際、登山計画を立てたリーダーは、登山計画書のコピーを同行メンバーにも渡してほしい。同行メンバーが「ただ着いて行くだけ」という姿勢では、万が一はぐれた場合などに行動指針が持てなくなってしまう。

計画書はどうなる?

前述した通り、登山計画書は遭難したときや被災したときなどの捜索・救助活動に使われる。むしろ、緊急時以外は使われることのないものとも言える。提出された登山計画書は一定期間保存されたあと、廃棄されている。提出された計画書は使われないことにこしたことはない。

登山計画書（登山届）

1 　　　　　　　　　　　　　　　　　　　年　　月　　日

　　　　　　御中

2 団体名

所　属　　　　　　　　　　山岳連盟（協会）

代表者氏名

代表者住所

代表者電話

捜索費用にあてる保険加入の有無　　あり　なし

緊急連絡先 4

氏　名

住　所

電　話

救助体制　　ある（　　名）　　なし

保険会社名　（　　　　　　　　）

目的の山域・山名		
登山期間	最終下山日	（予備日含む）

3

任務	氏名／生年月日	性別	年齢	住所／電話	緊急連絡先・氏名／住所または電話

日　程	行　動　予　定
(1)　/	
(2)　/	
(3)　/	
(4)　/	
(5)　/	
(6)　/	
(7)　/	
(8)　/	
荒天・非常時対策 エスケイプルート	

1 宛名

山域を管轄する警察署の名前を書く。

2 団体名

山岳会やサークルなど団体に所属しているのであれば、その団体名を。個人で登る際には記載不要。

3 任務

グループで登山する場合のそれぞれの役割を記載する。基本的にはリーダーとそれ以外だが、分担があれば記載する。

4 緊急連絡先

遭難時に連絡をとる家族や会社などの連絡先を記載。山岳保険に加入している場合はその会社名も記入する。

5 2枚目

2枚目にはルートの簡単な概念図や装備品・食料の量などを記載する。概念図では行動するルートとおおよその時間、悪天候時に利用するエスケープルートなどを記載しておく。

保険加入のすすめ

遭難者の捜索・救助にあたるのが地元警察官を中心に構成された山岳救助隊だが、救助活動が困難な場合などは、民間の山岳救助隊員にも応援が要請される。この場合、救助にかかった実費は遭難者やその家族に請求されることになる。万が一の高額請求に備えて救助費用を補償する保険加入が推奨される。民間の保険会社や山岳団体など様々プランがあるので、自分に適したプランを選ぼう。

ヤマレコでオンライン提出！

山岳ガイド協会が運営する「山と自然ネットワーク コンパス」というサービスがある。コンパス宛に事前に登山計画書を提出すると、遭難時に協定を結んだ各都道府県の救助隊に対して、登山計画書の情報が提供されることになる。ヤマレコはこのサービスと連携しており、ヤマレコで作成した山行計画をオンラインで提出できるようなっている。

山と自然ネットワーク コンパス
http://www.mt-compass.com/

登山プランを簡単に作成できる！

「ヤマプラ」で登山計画を立ててみる

ヤマレコが提供するサービス「ヤマプラ」で、簡単に登山計画を立てて、しかもダウンロードすることが可能です。まずはそのやりかたを解説します。

簡単に登山計画書が作れる

ヤマプラは、簡単に登山のプランが立てられるヤマレコが提供する便利な機能。昭文社が発行する「山と高原地図」のデータを使って、コースタイム付きのプランを簡単に作成することができる。作成したプランは印刷して登山計画書として利用したり、ルートをファイルとして書き出してスマートフォンのアプリケーションで利用することも可能だ。

計画書の作成

作成したプランをもとに登山計画書の作成も簡単。145ページで紹介している「概念図」を自分で描く必要がなくなる。

また、ファイルを書き出してスマートフォンで表示させることもできる。

登山地図の共有

ヤマプラで作成したルート地図と行動予定は紙に印刷することも可能。一緒に行くメンバーにメールやSNSなどで共有することもできる。

登山プランの作成

「山と高原地図」に掲載されている約1500もの山に対応。ポイントをクリックするだけで、簡単にルート地図と行動予定が作成できる。

1 目的の山を選ぶ

デフォルトでは富士山が表示されるが、検索バーにキーワードを入れれば該当エリアが表示される。また、山と高原地図から選ぶこともできる。

2 ルートを選ぶ

白い丸をクリックすると、その場所が出発点に。次のポイントにマウスを重ねると、出発点からの距離や時間が表示される。また、休憩時間や宿泊も設定可能だ。

3 ルートの保存

ルートとともに、標高図を横から見た図が保存される。これをもとに登山計画書を作成することが可能。計画書の提出もこのままオンラインで済ませることができる。

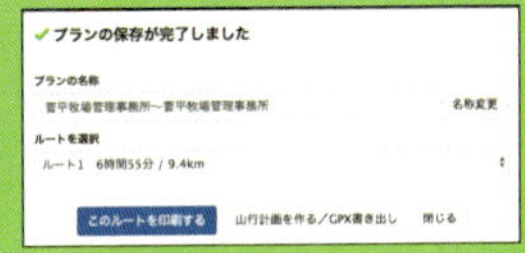

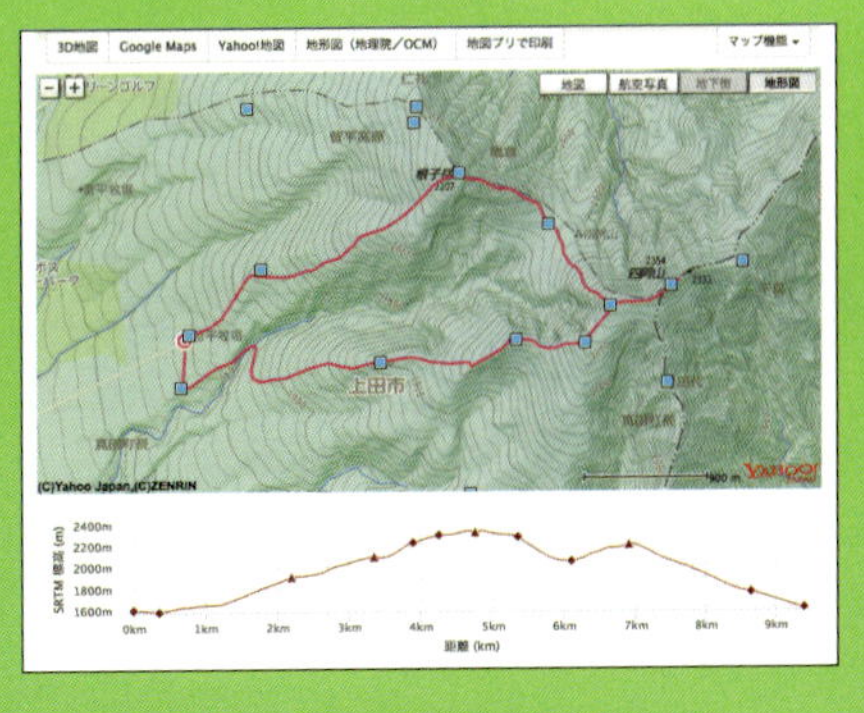

4 地図とルートのダウンロード

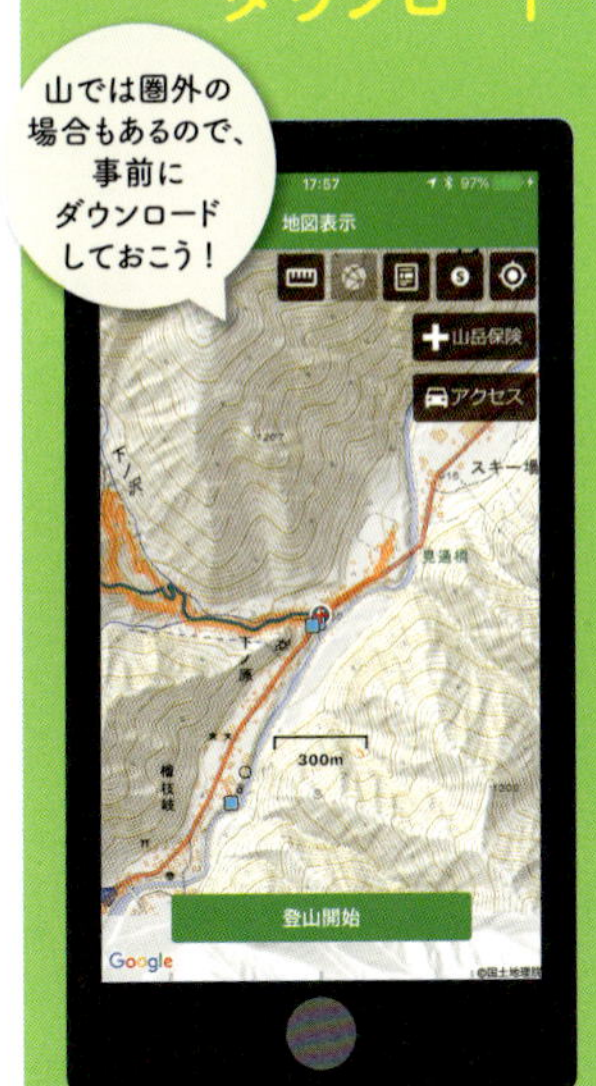

スマートフォンアプリの「ヤマレコMAP」でダウンロードすると、同様にルートが表示される。GPS機能と連動しているので、自分がルート上のどの位置にいるかが表示され、道迷いの心配もなくなる。

昭文社のアプリ「山と高原地図ホーダイ」でもヤマプラで作ったルートを山の中で確認できます
全エリア使い放題で400円／月（初回ダウンロードから7日間は無料）

監修　ヤマレコ

ヤマレコは山に登るすべての方を対象とした、登山に特化したコミュニティサイトです。多い時は週に1万件以上の山行記録が登録され、最新の山の情報（例えば道の状況、危険箇所、休憩場所、ビューポイント、花の開花時期など）を確認することができます。登山シーズンには月間130万人以上の登山者が山の情報を調べる為にヤマレコを利用します。
ヤマレコを使うと、①山を探す→②計画する→③登山を楽しむ→④記録を書いて振り返る→①に戻るを繰り返し、ステップアップしながら安全に登山を楽しむことができます。
あなたも山行記録を書いて、山の情報を共有し合う輪の中に参加してみませんか？　参加すればヤマレコのコンセプト「また山に行きたくなる」をきっと実感できますよ！

ヤマレコ：https://www.yamareco.com

STAFF

コメント、写真提供	ヤマレコユーザーのみなさん
執筆協力	松崎展久
撮影	後藤秀二、渡辺有祐、住田諒
本文デザイン	菅沼祥平（スタジオダンク）
DTP	宮川柚希（スタジオダンク）、中尾剛
編集協力	フィグインク

ヤマレコのとっておきの登山ルート30選

2018年6月20日　初版発行

監修	ヤマレコ
発行者	佐藤龍夫
発行	株式会社大泉書店
住所	〒162-0805 東京都新宿区矢来町27
	電話：03-3260-4001（代）
	FAX：03-3260-4074
	振替：00140-7-1742
印刷・製本	大日本印刷株式会社

URL　http://www.oizumishoten.co.jp/
ISBN　978-4-278-04730-1　C0076